U0081645

金庸的江湖師友——師友同業篇
心一堂 金庸學研究叢書 萊連根系列
萊連根著
Śūnyatā

書名：金庸的江湖師友——師友同業篇
系列：心一堂　金庸學研究叢書
作者：蔣連根
責任編輯：心一堂金庸學研究叢書編輯室
封面設計：陳劍聰

出版：心一堂有限公司
通訊地址：香港九龍旺角彌敦道610號荷李活商業中心十八樓05-06室
深港讀者服務中心：中國深圳市羅湖區立新路六號羅湖商業大厦負一層008室
電話號碼：（852）90277110
網址：publish.sunyata.cc
電郵：sunyatabook@gmail.com
網店：http：//book.sunyata.cc
淘宝店地址：https：//shop210782774.taobao.com
微店地址：https：//weidian.com/s/1212826297
臉書：https：//www.facebook.com/sunyatabook
讀者論壇：http：//bbs.sunyata.cc

香港發行：香港聯合書刊物流有限公司
香港新界大埔汀麗路36號中華商務印刷大廈3樓
電話號碼：（852）2150-2100　傳真號碼：（852）2407-3062
電郵：info@suplogistics.com.hk

台灣發行：秀威資訊科技股份有限公司
地址：台灣台北市內湖區瑞光路七十六巷六十五號一樓
電話號碼：+886-2-2796-3638　傳真號碼：+886-2-2796-1377
網絡書店：www.bodbooks.com.tw
台灣秀威讀者服務中心：
地址：台灣台北市中山區松江路二〇九號1樓
電話號碼：+886-2-2518-0207
傳真號碼：+886-2-2518-0778
網址：www.govbooks.com.tw

中國大陸發行 零售：深圳心一堂文化傳播有限公司
地址：深圳市羅湖區立新路六號羅湖商業大厦負一層008室
電話號碼：（86）0755-82224934

版次：二零二零年六月初版

平裝

定價：港幣　一百四十八元正
　　　新台幣　五百九十八元正

國際書號　978-988-8583-33-1

心一堂微店二維碼

心一堂淘寶店二維碼

目錄

總序

《詩經》寫道：「嚶其鳴矣，求其友聲。」鳥兒呼叫也是在尋找友誼，何況人呢！何為「朋友」？就是「同門曰朋，同志曰友；朋友聚居，講習道義」。

莊子講過一則寓言：有兩條魚生活在大海裡，某日，被海水沖到一個淺淺的水溝，只能相互把自己嘴裡的泡沫餵到對方嘴裡生存，這就是成語「相濡以沫」的由來，指的是「少年夫妻老來伴」的夫妻。但是，莊子說，這樣的生活並不是最正常最真實也最無奈的，真實的情況是，海水終於要漫上來，兩條魚也終於要回到屬於它們自己的天地，最後，他們要相忘於江湖。

相忘於江湖，江湖之遠之大，何處是歸處和依靠？人在江湖，總會有許多的無奈、寂寞、冷清。金庸說：「友情是我生命中一種重要之極的寶貴感情。」人生在世，總要或多或少地依靠來自自身以外的各種幫助——父母的養育、師長的教誨、朋友的關愛、社會的鼓勵……所「依」甚廣，所「靠」甚多。

在金庸生命的各個時期，他的身邊總是圍繞着一群人，一群愛他敬他，願意為他無私奉獻，助他一臂之力，在他需要時挺身而出，替他掃平障礙或是進行善後工作的朋友。若是沒有這樣一群鐵桿朋友在身邊，恐怕這個大俠必定當得十分吃力。所以說，金庸的生命離不開他的朋友圈，是一群朋友在背後默默支持他，才讓他成為大俠，在人前光鮮亮麗受人尊重，令人敬仰。也正是這樣一種深厚的情義，才襯托出了大俠的光輝形象。

二十世紀五十年代，在受殖民統治的香港，金庸虛實相間的新派武俠小說大大拓展了香港人閱讀的想像空間，縱深了歷史記憶。武俠行蹤在江南、中原、塞外、大理國、帝都之間鋪展游移；小說裡的人物與思想，在朝與野、涉政與隱退、向心與離心、順從與背叛、大義與私情之間尋求着平衡，思考着普遍的人性和古代歷史的規律。種種時局的因緣際會，在向來被視為「文化沙漠」的香港，開出了一朵絢爛的花。挾一腔豪情，聚千古江山。金庸創造的武俠世界氣勢恢宏、波瀾壯闊，布衣英雄熱血肝膽，重情重義，為國為民，震撼人心！他用豐富的學識和深厚的文化修養，宏大的氣魄和嫻熟的筆法，融歷史傳奇故事，寫華語文化傳奇！讀過金庸作品的人，肯定會在其刀光劍影中體會到友情的濃烈。金庸以生花妙筆描寫了人與人的形形色色的友情，那些路見不平拔刀相助、不打不相識、點頭之交、生死相許、忘年之交、超越性別的知己之交、危難之中的莫逆之交……無一不讓我們深深感動並心嚮往之。那些真情，在關鍵時刻經受住了考驗，變得更加堅不可摧，固若金湯，在經歷了劫難的洗禮後煥發出了人性高潔的光芒。

金庸的武俠小說為什麼能在華人中流行這麼廣泛，影響這麼深遠？究其根本，情節和歷史圖景是一回事，更深層的原因是金庸的武俠小說突出了一個乃至中華民族最關鍵的問題，那就是友誼的最核心問題——義氣！從生死相依到共創江山，從書劍恩仇到武林劍嘯時的惺惺相惜、傾囊相授，這種坦蕩和崇高，讓人看了熱血沸騰，這就是友情加上重義。金庸採取了一個完全不同的角度，他把負面化為正面，他寫神州大地的萬里河山，英雄人物任意馳騁其間，與天下豪傑互相結交，氣味相投，便成莫逆，一同出生入死，共謀大事。生活多麼自由，人生多麼豐富，只要朋友之間有情有義，世上的艱難險詐又有什麼可怕之處？

金庸說：「現在中國最缺乏的就是俠義精神。每個人，都是作為歷史長河中的一名過客，有個小朋友問我，來生願意做男人還是做女人，做郭靖還是做黃蓉？我說，不論做男人也好，做女人也好，都要做一個好人。我的所有作品都是宣揚俠義精神的，本意基本與打打殺殺的『武』無關……我主張現代人學俠義二字，是補課，是主張勇於承擔責任，擁有快意人生。俠義真的是個很遠大很美麗的世界。」「我喜歡那些英雄，不僅僅在口頭上講俠義，而且在遇到困難、危險的時候能夠挺身而出，而不是遇到危險就往後跑，我自己正是這樣努力去做的。遠離危險、躲在後面，這樣卑鄙的人在現實生活中卻有很多。」

金庸在台北參加遠流三十周年的演講時說：「台灣流行崇拜關公，關公的武藝高強沒有話說，但他真正受人崇拜，還在於他講義氣，所以民間社會稱他關公，他的地位和帝王爺同高。義氣在中國社會中是相當重要的品德，外國人和親朋好友講LOVE，中國人講情之外，還講義，所以要有情有義，單單有情是不行的。做生意談不成，沒關係，彼此之間的『義』還是在的，所謂『買賣不成仁義在』。武俠小說不管任何情況，這個『義』是始終維持的，歷史人物或武俠人物，『義』都是很重要的批評標準。」

很多看過金庸小說的人都喜歡去猜測，金庸最像他眾多小說主角的哪一個，是憨厚木訥的郭靖，是飛揚跳脫的楊過，是豪情萬丈的蕭峰，是優柔寡斷的張無忌，還是乖覺油滑的韋小寶……其實，任何一位小說主人公都只是金庸性格的一部分。知遇而知己，是金庸性格的體現。金庸雖然多次老實坦白自己與書中男主角並不相像，「我肯定不是喬峰，也不是陳家洛，更不是韋小寶」，但愛交朋友這一點，倒是毫無二致的。金庸大名滿天下，金庸朋友也是滿天下。

每個人背後都有他的故事，金庸寫的故事已家喻戶曉，而他自己和朋友們的故事，跟他的武俠小說一樣引人入勝。

這就是金庸自個兒的江湖：老師和朋友。——金庸的江湖師友

前言

金庸武俠小說中的人物都是有來歷有師承的，而且個個都是尊師重教的好孩子：郭靖和楊過是不用多言的模範生，大理段公子在神仙姐姐的玉像乾脆利落地叩首千番，就連憊懶乖張的韋小寶在九難師太面前也不敢造次，而令狐冲對岳不群的崇拜敬重則是讓人心痛的迂腐。「一日為師，終身為父」，「名師出高徒，良匠琢美玉」，這樣的古老觀念是金庸的根深蒂固。

金庸曾經說過：「我最要好的朋友，都是中學時代結交的，那時候大家一起吃飯，住同一個宿舍，一起上課學習，生活親密。這些好朋友現在還經常聯繫，爭取機會見面。」

與池田大作對話，他詮釋「知己」的含義：「中國人結交朋友，很重視『知己』的觀念。要互相了解而志趣相投，那是最重要的，不一定需要長時期的結交。《史記》中說：「諺曰：白頭如新，傾蓋如故。」如果互相意見不投合，即使從小做朋友做到大家白了頭髮，仍如新相識的陌生人一樣；如果意見一致，即使是道路上初次偶然相逢，停下車來隨便談談，也可以成為老友，正所謂「酒逢知己千杯少，話不投機半句多」。

心一堂　金庸學研究叢書 10

師生辦牆報，一同「喔喔啼」
——小學老師陳未冬

一九九二年十二月初，金庸重返家鄉。他在杭州茶葉博物館參觀時偶遇研究員陳琿，言談之下，金庸驚喜道：「你是我的小師妹啊！」隨即手書一封問候信，讓帶給他的小學老師陳未冬。

幾日後，金庸回到故鄉海寧，特意訪問母校——今袁花鎮中心小學，為學校圖書室捐款，並題字留念：「重遊母校深感當年教誨恩德。袁小舊生查良鏞。」

（一）

袁小舊生查良鏞的老家就在距學校三里多路的袁花鎮新偉村，舊時稱海寧縣龍山里。這是一個典型的江南水鄉，一條小溪在兩山夾峙之中流淌着，花溪兩岸，秀峰林立，溪中礁石累累，水淺處可以涉足，水深處可以泛舟。山水交融，田疇交錯，花溪的山與水都各具特色。

金庸七歲就讀於村口巷里十七學堂，高小轉入袁花龍山小學堂。龍山小學堂始建於一九〇二年（光緒十八年），是海寧最早的四所高等小學堂之一，又名海寧第三高等小學堂。所以，查良鏞曾對記者說：「我不是上私塾，我一開始上的就是現代小學。」

龍山小學堂在袁花鎮上，花溪河畔，楊柳依依，河水中漂滿了綠色的浮萍，離他家赫山房有好幾里地，他在那裡度過了難忘的少年時光。

「噢，金庸就是查良鏞！」一九八一年七月，鄧小平在北京會見香港《明報》社長查良鏞的消息在報紙上刊登，居住杭州的陳未冬老人讀後，想起他的小學生查良鏞，但不知道是不是同一人。當有人告訴他金庸就是查良鏞後，陳老先生感嘆了一聲。

陳未冬，原名陳維棟，一九一一年出生在浙江省諸暨市陳宅鎮巽溪村一戶農家，一九二〇年父親不幸去世，留下了母親和四兄姐相依為命。陳維棟進入附近學校讀書學習時改名為未冬，後來考入了紹興的省立第五中學，畢業後在諸暨縣楓橋的大東公學堂任教，一年後調海寧縣袁花鎮龍山小學堂任教。

陳未冬愛好寫作，常有文章在報刊上發表。他見班上的「小秀才」查良鏞，人長得俊秀而聰明，寫的作文尤為出色，便倍加賞識。陳未冬是班主任，教國文課，還教歷史。金庸曾對池田大作說：「說起我的恩師，一位是小學五年級時的班主任兼國文老師陳未冬先生，前年在杭州相會時幾乎已相隔六十年。我仍記得當年他為我改正的作文錯字……」六十年後，他仍記得一堂讓他淚水橫流的歷史課。他回憶說：「記得我在小學念書時，歷史老師講述帝國主義欺壓中國的凶暴。講到鴉片戰爭，中國當局中如何糊塗無能，無數兵將英勇抗敵，但槍炮、軍艦不及英國，以致慘遭殺害，他情緒激動，突然掩面痛哭。我和小同學們大家跟着他哭泣。這件事在我心中永遠不忘。我們這一代的中國人對於收回香港，自然反應是天經地義，即使要我犧牲性命，也在所不惜，絕對不需要考慮。」

少年金庸最愛去的是自家的書房，一幢盛滿豐富藏書的屋子。書房裡掛一牌匾，上書「澹遠堂」三個紫色的字，是康熙皇帝當年為查昇寫的，三字旁邊有九條飛舞的金龍。查昇是金庸的祖先，康熙年間大詩人查慎行之姪。查昇這一代，一家叔姪五人（查嗣韓、查慎行、查嗣瑮、查嗣庭、查昇）官拜翰林，當時全家共有七人都中進士，稱為「一門七進士，叔姪五翰林」，是查家最顯赫的年代。書房裡還掛着一副對聯，寫着「竹裡坐消無事福，花間補讀未完書」，是查昇的手筆。少年金庸常常對着牌匾和對聯沉思，發憤讀書的心境由此而生。如今，這副對聯掛在金庸香港的書房裡。

查良鏞自小對書有一種親切感，閱讀課外書成了習慣。低年級時看《兒童畫報》、《小朋友》、《小學生》，後來看內容豐富的《小朋友文庫》，再似懂非懂地閱讀各種各樣的章回小說，到五六年級時，就開始看新文藝作品了。除了家中的書，金庸還看了許多坊間的偵探小說、武俠小說。那時，社會還是非常的保守。當時《紅樓夢》被視作誨淫的禁書，《水滸傳》也是誨盜的壞書，可在班上，陳未冬唯獨允許查良鏞一人閱讀。

陳未冬在自傳《我的故事》中如此記述：「當時，查良鏞（金庸）也在本校就讀，是五年級成績最佳的學生。他聽課、做事都很認真，特別是作文寫得好，對他的每篇作文都細加圈點、認真批改，作為範文在課堂上評析。我曾把他的作文本交給諸暨民報社的駱文華，他看後也認為很不錯，還選了幾篇在《諸暨民報》上刊登了。」

陳未冬的這一舉動，竟然將查良鏞的寫作熱情撥得更旺了。暑假以後，陳先生讓查良鏞跟他一塊兒編五年級的級刊填報，刊頭上畫的是一只大公雞，取名為「喔喔啼」。查良鏞組稿、編改、抄寫，幹得很歡。開頭半月出一期，後來一周出一期，有時兩三天出一期，把小小的牆報辦得生動活潑。

那天上歷史課，陳未冬老師講到鴉片戰爭，朝廷如何腐敗無能，無數兵將英勇抗敵，但終因槍炮、軍艦不及英國而慘遭殺害，突然情緒激動，掩面痛哭。金庸和小同學們也都跟着哭泣。金庸說：「這件事在我心中永遠不忘，記憶裡，小學上史地課，授課老師每次一說到戰爭、割地、賠款就捶胸頓足，常常我們所有同學也跟着哭，跟着憤恨不平。」這堂歷史課映射出的國族危亡的險境，影響了金庸，也影響了那一代很多人的一生。

一九三六年，查良鏞從龍山小學堂畢業，考入浙江省立二中（今嘉興一中），自此與陳老師離別，查良鏞離開了海寧。

（二）

一九八三年，陳老師因病住院，同室病友是香港《大公報》的一位編輯，兩人聊天，陳先生問他：「金庸是不是海寧人？」這位編輯也說不清，回港後便將此事告訴了金庸。金庸聞之大喜，寫信寄往醫院，此後，金庸托人再三打聽，卻未得到陳先生的消息。

直到一九八八年五月，陳老師獲知金庸的確是海寧人，便寫信托人寄給金庸，問他是不是龍山學堂的查良鏞。十月十四日，金庸覆信問候：「生受老師教誨，已五十餘年了，但老師的聲音笑貌歷歷就在目前……當時我年少頑皮，自封為『獨裁者』，老師頗加優容，此時思之，既感亦復汗顏。其後老師命生主編級刊《喔喔啼》，數十年來編報，老師之指點，固無時或忘也。當時老師在一黑色硬面藍條簿上書寫雜感，常以示生。我記得有文記敘校長張志鴻先生赴海寧縣教育局追討教師欠薪不得之情，老師自稱為『可憐蟲』云云，迄今印象深刻。又老師是諸暨人，吾等袁花人將『屎』讀作『窩』音，將『尿』讀作『矢』音，學生等眾口一詞，老師大為生氣。分隔五十餘年，回思教誨愛護之恩，感懷良深。明年如能抽空，當來杭州叩見。奉上近照一幀，以代先此致候……受業弟子查良鏞叩上。」信中既回憶當年趣事，更洋溢對老師的款款深情。

事隔不久，有同事赴港，陳老師修書一封托為問候金庸。金庸見信，即吩咐秘書：「是我老師的客人，快去請來！」見到家鄉來客，金庸再三詢問老師近況，還讓人帶上禮物。

一九九二年十二月初，金庸終於重返家鄉。他在杭州茶葉博物館參觀時偶遇陳未冬的小女兒陳琿，金庸驚喜道：「你是我的小師妹啊！」隨即掏出一封問候信，讓帶給陳先生。十二月八日上午九時，金庸攜夫人林樂怡女士來到陳老師的家。「老師好！師母好！」金庸深深彎腰鞠躬，行了大禮。

時年六十八歲的金庸像小孩似的攜着老師的手進了客堂，深情地說：「陳老師是我立業的啟蒙恩師，我有今天離不開老師循循善誘的教導。老師教誨的恩德終身難忘。」金庸憶及當年：「我的作文中，將『旖旎』兩字錯寫成『旖妮』，是老師翻出《辭源》予以指正。從此我寫作遇到猶豫不決時常查辭書。」聽說往事，陳未冬禁不住哈哈大笑：「良鏞，你的記性真好，是啊，牢記錯誤是求得進步的要訣。」師生交談甚歡。金庸拿出自己寫的《射鵰英雄傳》、《書劍恩仇錄》

等原版精裝本，揮筆寫上「恩師指正」等字樣並簽上自己的名字，贈送給老師。

一九九六年一月五日，金庸在西湖邊建造的「雲松書舍」竣工落成，他又臨杭州，特邀陳未冬出席晚宴。致詞時，他十分動情地說：「今天我很高興，在座的有我小學時的老師，他已經八十多歲了，給過我許多指教和器重，我很敬重他……」返港那天，他親赴陳舍，向老師和師母辭行，將一隻封口的信封塞給老師，非常誠懇地說：「這是學生的一點點心意，請老師一定要收下，實在是不成敬意。」待金庸離開後，老師拆開信封一看，原來是一疊「人民幣兑換券」，這在當時的中國內地，是比較珍貴的，可以買到一般人用人民幣買不到的物品。

「他考慮事情總是那麼細緻周到！」老師心中很是感動。

（三）

師生重逢時，金庸再三要求老師給他講講革命歷史。於是，陳老師講述了別後他奔赴延安然後潛伏浙南的經歷。

一九三七年抗戰爆發後，師生離別，查良鏞念書離開海寧，陳未冬則奔赴延安，進入抗大學習，曾聆聽毛澤東和朱德的講話。一九三八年九月初，陳未冬入黨不久受派潛回諸暨，改名張光，從事地下活動。一九三九年六月，張光擔任諸暨縣委書記，以巽溪村為中心，發展黨組織，開展抗日救亡工作。一年間，璜山區有二十多個村建立了支部，發展黨員百餘人。一九四一年三月，中共餘姚縣委特派員張光帶着夫人鐘學意，第一次到達餘姚境內的周巷，租賃老中醫家的店面房子，開設一家舊木器商店作為掩護，開展地下工作。他與淞滬抗日游擊隊五支隊取得聯繫，大量動員地方黨員和進步人士參加部隊，建立了通訊聯絡站、辦事處等機構。

這年初夏，浙東抗日游擊根據地建立，他任中共三北地委委員兼組織部長，並兼中共餘（姚）上（虞）縣委書記、辦事處主任。其間，領導虞北人民，高舉抗日鬥爭旗幟，以各種形式打擊日偽頑軍，建立了虞北抗日根據地。

一天凌晨，張光到逍林區與淞滬抗日游擊隊隊長接頭。剛拐上一條大路，猛聽背後有人喊：「站住！」回頭一看，只見三個壯漢疾步趕來，心知有異，卻不慌不忙，反而迎上前去。張光說：「先生，我不認識你，你叫我幹什麼？」那三人只是吼叫：「走，一塊走，上汽車。」這時候，張光才發現路旁停有一輛黑色汽車，心裡全明白了：是日偽特務專門來抓他的，怎麼辦？得想辦法逃！就在特務伸手來拉他時，他用手裡的皮包猛然向特務頭部打去，然後奪路欲逃。哪知特務早有防備，伸手抓住了張光的衣服後領。張光急中生智，撒手甩掉了皮包，兩臂向後一順，順勢脫掉上衣，向南急跑。「砰！砰！」特務連開兩槍，張光頓時倒在地上。一顆子彈擊中了張光的右臂。他左手扶着牆，站起來，用手捂住流血的傷口。特務一邊罵着一邊走到張光跟前，拉他上汽車。張光站着不動，說：「我受傷了，走不了。」特務一看，張光的襯衫已被鮮血染紅，便放開手，轉身去馬路對面喊汽車。張光等特務走出五六步遠了，突然轉身向南，拼命猛跑，跑到南巷胡同口，急拐進去，繼續奔跑。等特務發覺追到胡同口時，已經不見了張光的蹤影。張光就這樣脫險了。

解放戰爭中，張光從地方轉入軍隊，隨軍北撤，擔任華東野戰軍第一縱隊某師政治部幹事，參加過許多重大戰役。解放後，張光先後任中共浙江省委組織部組織科長、省委秘書處處長等職。一九八三年，從浙江省輕工業廳副廳長任上離休。

二〇〇三年，在浙江大學的一次講演中，金庸用崇敬的語氣跟同學們講述老師當年的潛伏經歷，稱讚說：「他是一個革命者，非常勇敢可敬！」

陳未冬教過的學生許多，唯獨查良鏞這個名字還記得。因為很喜歡這個學生，他一直把查良鏞的一本作文簿珍藏在諸暨老家，直到「文革」期間造反派多次抄家，這本作文簿才與被稱為「四舊」的東西一起被燒掉。

二〇〇三年五月，陳未冬因病逝世於杭州，享年九十三歲。

心一堂 金庸學研究叢書

20

今來舊址憶故人

——中學校長張印通

在碧綠的校園草地上，矗立着一尊銅像，碑額銘刻着「敬愛的張印通校長，學生金庸敬題」的字樣。金庸面對銅像深深三鞠躬後，眼裡已是熱淚盈眶。

那年，金庸來到麗水舊地，重游碧湖高中學校舊址時，勾起了他對昔日師友的無限情思，筆下一瀉，竟有些感傷：「今來舊址憶故人，不見前輩心耿耿。」

在金庸感念的師友中，張印通是最為重要的人物。

（一）

一九三六年，少年查良鏞在故鄉海寧袁花鎮的龍山小學堂畢業，考入浙江省立二中。美麗的南湖、古老的烟雨樓從此成了他揮之不去的一個夢。數學老師章克標、國文老師王芝簃等都讓他終生難忘。

然而，一九三七年十一月五日拂曉，二十萬日軍在大霧的掩護下從杭州灣金山衛、全公亭一帶登陸，大肆燒殺，嘉興危在旦夕，數百名無「家」可歸的學生還留在學校，一時人心惶惶，陷入了一片混亂。校長張印通在危難之際，不顧經費不足和前途艱辛莫測，毅然挑起重擔，帶領師生南遷，甚至顧不上安置好同樣處於危險與困境之中的自己家庭。十一月十一日，他們匆忙離開新塍，踏上了千里流亡之路。十一月十九日，嘉興淪陷。

師生們從新塍出發，經烏鎮、練市、餘杭、臨安到達於潛，最初是坐船，後來水路不通了，只好步行，跋山涉水，曉行夜宿。到於潛小駐，本來打算上課，十一月二十四日傳來了杭州淪陷的消息，只好起程南行。過分水，到桐廬，半夜裡，學生們在睡夢中被叫醒，匆忙集合出發，隊伍剛剛走過浮橋，身後火光熊熊，浮橋燒斷了。走出二三十里，天色微明，歇下來吃早飯。老師這才告訴他們，昨夜宿營處，日寇距離不過一二十里，真是驚險萬狀。

這些學生年齡大的不過十四五歲，小的只有十二歲，還有女同學，雖說輕裝前進，每人只剩下一條棉被、幾件簡單的換洗衣服，但沒有交通工具，完全是徒步跋涉，斜掛在背上的被子卷實在不勝其負，一般每天只能走三五十里，以至六十里。最多的兩天，日行九十里，同學們腳上都起了水泡，水泡磨破了出血不止，只有靠一根木棒或竹竿支撐，一步一移。

張印通校長和師生同行、同吃、同住，每到宿營地，都是稻草在地上一鋪，就地而臥。吃得同樣非常簡單，每次發一元錢要用好幾天，師生們常常買三個銅板的山芋充飢，吃上一只粽子就是一頓奢侈的美餐了。在疲憊的流亡途中，老師仍然抓緊時間給學生上課，沒有教室，沒有課本，沒有學習用品，他們就在樹蔭、屋檐下，老師憑着一塊很小的黑板來上課。

他們吃山芋，睡泥地，徒步跋涉了近兩個月，行程千里，歷盡艱辛，經永康、縉雲，終於在一九三七年十二月下旬到達浙南山區小鎮——麗水碧湖鎮。回憶起這段顛沛千里的經歷，金庸後來說：「當時我們才十二、三歲，每天要步行七八十里，餐風宿露，為抗日救國，我們跟學校到後方去。為救亡圖存，我們努力學習。走不動了，就唱支歌……」

在「樹凝碧，溪如湖」的碧湖，金庸穿上灰布軍裝，參加了戰時青年訓練團，接受軍訓。半年後，浙江北部淪陷區的許多中學輾轉千里相繼來到碧湖，教育廳決定將杭嘉湖的七所省立中等學校（包括杭州高中、杭州初中、杭州女中、杭州師範、杭州民眾教育實驗學校、嘉興中學、湖州中學）合組為浙江省立臨時聯合中學，分高中部、初中部和師範部。

（二）

一九三八年九月初，聯中正式開學，一如在昆明的西南聯大在延續民族希望的火種。

一九三九年某日課餘，忽然人頭濟濟，有數十人在圍觀圖書館外走廊的壁報，有人高聲朗誦，有人拍手稱快。原來壁報上刊有《阿麗絲漫遊記》一文，描述阿麗絲小姐千里迢迢來到聯高校園，與高采烈遨游東方世界之際，忽見一條色彩斑斕的眼鏡蛇東游西竄，吐毒舌，噴毒汁，還口出狂言威嚇教訓學生：「如果你活得不耐煩了，就叫你永遠不得超生……如果……」眼鏡蛇時而到教室，時而到寢室，時而到飯廳，時而到操場，學生見之紛紛逃避。文章的作者就是查良鏞。①

聯中的學生一眼就看出了「眼鏡蛇」影射的是他們學校的訓育主任沈乃昌，他戴一副眼鏡，令人討厭，不近情理，平時講話總是帶着「如果」二字，學生背地裡叫他「如果」。有些男同學和女同學經常來往，也不是戀愛，不過是親密一點，就給開除。還有同學在休息時間下圍棋，沈乃昌也不許，還把圍棋沒收。大家敢怒不敢言，學生們平時像躲瘟神一樣躲着他。壁報前的人越聚越多，《阿麗絲漫遊記》立馬傳遍了整個聯高校園，當然也傳到了訓育主任沈乃昌那裡，這下查良鏞闖禍了。

訓育制是國民黨一黨專制下的特殊產物，是國民黨推行黨化教育、奴化教育的一個重要手段。早在一九三九年四五月間，聯高就發生過驅逐訓育主任沈咸震的事件，學生把他拉到龍子廟的戲

① 蕭乾《兩浙軼事》，浙江省文史研究館主編，上海書店出版社，一九九二，第六四至六五頁。

台上，責問他為什麼暗中窺探同學的行動，要他承認錯誤並作檢查，他不肯，引起了衝突。事後，教育廳強令開除欽本立等七名學生，經校長張印通等申請，才改為退學。沈咸震之後，教育廳任命三十四歲的沈乃昌為聯高的訓育主任，同時負責教公民課。他到處監視學生的一舉一動，做學生思想的檢察官，被學生視同蛇蝎，難怪查良鏞以「眼鏡蛇」喻之。

查良鏞一時興起，借阿麗絲之口說出了廣大學生心裡想說而不敢說的話，完全是童言無忌，根本沒想到後果。他後來自述：「我高中一年級時，在學校壁報上撰文諷刺訓育主任沈乃昌先生而被開除，是我一生中最大的危機之一。因為給學校開除，不但失去了繼續求學的機會，連吃飯、住宿也發生問題，後來終於在原校長張印通先生及舊同學好友余兆文君的幫助下進入衢州中學，那是生死繫於一線的大難。」

如果不是張印通校長勉力將「開除」改為「退學」，金庸將立即面臨失學和生活問題的威脅，所以他一生不忘這位慈愛的老校長的恩德，一再提起這件事，對這位校長充滿敬意和懷念。

（三）

後來幾次到嘉興，金庸都找舊友和老同學聚談，打聽張印通的生平事跡。

張印通於一八九七年出生在嘉興泰石橋張家灣。祖上家境一般，父輩以織綢為業，積攢了不菲的家產。之後與諸鄉紳創辦泰石橋小學堂，使村中學童能就近上學，張印通幼時即就讀於此。

張印通先後入學嘉興縣立第一高小、浙江省立第二中學，品學兼優，為模範生。中學畢業後考取官費生，留學日本。一九二三年，張印通從日本國立東京高等師範學校畢業，回國後歷任浙江省立第二師範學校、省立二中、江蘇松江女中教員、教務主任，省立一中教員。一九三一年起任浙江省立嘉興中學校長。

張印通擔任嘉興中學校長時，年紀尚輕，學校中有不少教師是他的老師。其中有幾位老師喜歡夜飲，經常喝酒喝到深夜回校，看門的工友必須起床為這些老師開門，特別是冬天，半夜起床開門是很冷的。久而久之，這位工友不免有些怨言。張印通知道這件事後，考慮了良久，有了自己的主意。他讓那位工友關門後先去休息，自己看門。等這些老師喝完酒回來，親自為他們開門。每進來一位老師，他都恭恭敬敬地一鞠躬，並說：「某老師，您回來了！」這樣一連好幾天，這些老師看到張印通作為一校之長，深夜不休息為自己開門，有所感觸，就自覺地放棄了夜飲的習慣。而這位工友也深受感動，以後有老師外出，半夜起來開門再也沒有怨言了。

一九四二年秋，因為和當時的省教育廳意見不合，張印通辭去了校長的職務。之後他接受浙江大學的邀請，準備去在龍泉的浙江大學任教。去龍泉前，張印通決定先返回嘉興探親，因母親年邁多病，需要照顧，龍泉之行沒有成行，遂隱居鄉間。一九四五年，抗日戰爭勝利。一九四六年二月，浙西一中回到嘉興復校，張印通再度出任校長，並任嘉興縣臨時參議會議長。一九四九年五月嘉興解放，張印通仍任嘉興中學校長。

離休老人廖大華二〇一二年回憶：一九五〇年，我任王店區泰旗鄉土改隊長，隊部設在張家灣老屋。一天上午，鄉里正在召開土改幹部積極分子會議，民兵說，一個老地主的兒子找我。匆匆走進辦公室，只見一個頭戴禮帽，身着長袍，足登黑皮鞋，手持文明棍的中年紳士面露緊張神色，卻又知書達理地從座位上起立，自我介紹說：「鄙人是嘉興中學校長張印通，今天是為了房子和田地來找土改隊領導的。」當時我以為他別有意圖，馬上理直氣壯地答：「根據我們深入細緻地調查和土改法的明文規定，你家應是地主成份，此屋及大部分田地應該收歸公有。你既是中學校長，就應帶頭遵紀守法，為人師表。」他環顧四周威風凜凜的武裝民兵，顯得有些心慌意亂，顫顫兢兢地說：「各位請勿誤會，我在縣政協會議上聽了土改問題的報告，認識到我的祖上以土地剝削農民犯下嚴重罪行，如今解放了，理應土地還家，今天是特地送我家的舊房地產契約來請政府和土改隊處理的。」說着叫跟隨的校工把包袱打開，取出契約，全部如數上交。我明白了他的真正目的，遂拉着他的手說：「你能為民主人士帶頭響應人民政府號召，以實際行動支持土地改革，值得表揚。」繼以賓客招待，端上清茶，並帶領他參觀土改成果展覽，然後送他倆上航船，返回禾城。①

一九五四年，受到錯誤處理後，張印通回到老家張家灣務農。他仍積極樂觀地生活，而且鄉里鄉親都十分純樸，對張印通沒有另眼相看，因為知道他是有文化的人，都極其尊重他。安頓下來後，張印通就主動要求參加集體勞作，在他再三要求下，生產隊安排他做一些輕便的農活，如：春天去稻秧田裡趕麻雀；夏天曬谷、看瓜地；秋天削桑樹地的野草；冬天搓稻草繩等。教書育人的權利被無理剝奪了，他就教同族晚輩書法、珠算。

一九六九年二月，張印通因患傷寒症、肺心病，醫治無效去世，享年七十二歲。多年後，嘉興市政協文史會為緬懷人民教育家張印通，特召開紀念表彰大會，出版《紀念張印通先生》一書，金庸來電說：「張印通老師是我的恩師，對我一生教導嘉惠良多，數十年來時時思念，不敢忘懷他的恩德。得悉六日舉行紀念會，既悲且喜，泣下良久。惜為事務所羈，未克來禾在恩師遺像前鞠躬致敬。謹馳電深致感念之情。香港查良鏞一九八六年四月五日。」

① 廖大華《我與張印通校長的三面缘》，嘉興市政協編《餘熱生輝》，二〇一二年九月。

一九九五年三月二十九日上午，范蠡湖畔的老嘉興一中第二教學樓前，由金庸捐資興建的教育家張印通銅像揭幕儀式隆重舉行。張印通銅像面向操場，背靠雪松、塔柏，基座正面鐫刻有金庸題寫的「敬愛的張印通校長」和落款「學生金庸敬題」的字樣。金庸面對銅像深深三鞠躬後，眼裡已是熱淚盈眶。隨後，他題詩留念，感慨繫之：「當年遭寇難，失哺意徬徨。母校如慈母，育我厚撫養。去來五十載，重瞻舊學堂。感懷昔日情，恩德何敢忘。」

在階梯式報告廳，面對青年學生一張張青春的笑臉和發自內心的掌聲，金庸說：「我曾在這裡學習三年，你們就叫我大師兄好了。」說到此，他哽咽着語不成聲：「剛才我在張印通校長銅像前鞠躬時，想起了當年恩師對我的教誨，一個人要一生一世記得人家對你的好處，我們做人不能忘本，將來要記得報答。考取大學並不是很重要，做人才是件很重要的事，要做對得起自己的事，請各位千萬記住。」

百歲新郎是吾師
——中學老師章克標

很多年以前，中央電視台《東方時空》在節目開始的疊放圖片中，有一個「百歲做新郎」的鏡頭，十分引人注目。那位耄耋老人是金庸的中學老師章克標。

滬上作家余秋雨曾經為這位老人的新婚題詞：「面對百歲老人，無異面對一個生命的奇跡。如果這個生命又盛載着文化，那麼，生命的奇跡就變成了文化的奇跡。」

（一）

二十世紀八十年代中，浙江海寧人張敬夫看見一篇新聞報道說，鄧小平在北京接見香港明報社長查良鏞，得知金庸就是他中學時代的同學查良鏞，便寫信給金庸，信中提及，他們的數學老師章克標還活着，在海寧頤養天年。

一九八九年二月二十一日金庸修書一封致章克標，憶及當年師生情誼，其拳拳之心躍然紙上：「克標吾師尊前……得悉吾師安健，至以為慰。生當年在嘉興中學讀一年級時，蒙授以數學，吾師笑貌風采，至今不忘……」

一九三六年，少年查良鏞就讀於浙江省立二中（今嘉興一中），章克標是他的老師。查良鏞知道，這位說話笑眯眯的老師，也是浙江海寧人，曾經和他的表哥徐志摩一塊辦過雜誌。早年赴日留學時，十九歲的章克標第一次從家鄉到上海，就寄住在徐志摩父親徐申如開設的三泰客棧裡。

在日本苦讀了八年，畢業於京都帝國大學數學系，回國當過一段時間教師後，章克標棄「數」從文。一九二六年他在上海與胡愈之、豐子愷、葉聖陶等人共同輪值主編《一般》月刊，同時與滕固、方光燾等人創辦我國新文學早期著名社團之一的獅吼社。一九二八年章克標進入開明書店，主編當時影響廣泛的開明數學教科書以及《開明文學詞典》。一年以後，他參與創辦時代圖書公司，這個公司後來成為三十年代中國規模最大的出版機構之一。章克標出任時代圖書公司的總經理，並主編《十日談》旬刊。後來，他與林語堂、邵洵美等人一起創辦《論語》雜誌，竭力提倡文學的「幽默」和「性靈」，在新文化文壇上聲名大噪，著有長篇小說《銀蛇》，短篇小說集《蜃樓》、《戀愛四象》，譯作《菊池寬集》、《谷崎潤一郎》等；還編輯有《文學入門》、《開明文學辭典》等。這期間，章克標的交往圈幾乎與徐志摩的朋友圈重合，不少「論語派」裡的人就是「新月派」人物。後來，章克標寫了《君子之交》一文，憶述他與金庸表哥徐志摩的交往，此文被作家張彥林用作《浪漫詩人徐志摩》

一書的序文。

當年，章克標離開上海到嘉興，是為了躲避一場文化圍剿。一九三三年五月，一部名為《文壇登龍術》的雜文集在上海出版，作者是章克標。這部作品一問世便受到人們矚目，讚賞者有之，申斥者有之……大約也由於此，書銷得很好，當年便重版兩次。作品以幽默的筆調把當年文壇的種種狀態不無調侃地描述出來，書的開首寫道：「文壇登龍術！多響亮，又是多美好的一個名詞，音節好而且看起來也好，在你心神上引起的聯想又是好。你不是會想到文壇要招一個乘龍快婿嗎？你不是會想到一登龍門身價百倍嗎？你不是會想到龍潛于淵龍躍于天嗎？不能有再好的名詞了。」不久，魯迅以此書名為由頭，寫了《登龍術拾遺》一文。仔細閱讀魯迅這篇短文，不難看出，沒有讀過此書的魯迅，顯然只是做了一篇搭題文章，內容則是批評邵洵美的。也許因為章克標與邵洵美同為獅吼社的主要成員，且關係甚好的緣故，便被魯迅看作是邵家幫閑，挨罵了。

章克標的這本書還得罪了許多左翼作家，在上海呆不下去了，他才悄悄回了嘉興以避風頭。

在嘉興任教，章克標見班上的小同鄉查良鏞天資聰穎，勤奮好學，倍加賞識。查良鏞不僅數理化優異，英語和國文兩門課尤為出色，還能寫一手好文章，是學校牆報的主角。一天放學後，有一個學生跟章克標聊天，「如果有一本書教我們怎樣考上高中，我一定去買來看」。在旁邊的查良鏞聽了突發奇想：用我們初中生的經驗，寫一本書，告訴小學生怎樣考上初中。這主意得到幾位同學的贊同，分頭編寫，由查良鏞主編。不久，一本《獻給投考初中者》的書印成了，不僅暢銷浙江，還銷往江西、福建等地。

十五歲的查良鏞早早顯露出他非凡的寫作天賦和經營出版業的才能。此後，章克標更加看重這位學生，常借書給他讀，把自己剛出版的《算學的故事》一書送給了他。

章克標的《算學的故事》，一九三五年由上海開明書店出版。一九五六年，金庸在《大公報》上寫過一篇《圓周率的推算》，提到章克標的這本書，金庸寫道：「我在初中讀書時，教我數學的是章克標先生，他因寫小說出名，為人很是滑稽，同學們經常和他玩鬧而不大聽他講書。他曾寫過一部《數學的故事》，其中說到有一個歐洲青年花了極長的時間，把圓周率推算到小數點後六百多位。這個圓周率，當然是毫無實用價值的。」金庸將「算學」記成「數學」了，「算學」是「數學」的舊譯。這篇文章收在《三劍樓隨筆》裡。

在嘉興中學，這對師生相處時間僅兩年，但書來信往中，金庸常表達想念之情，說：「若能抽身回鄉，當叩見吾師。」

（二）

果然，一九九二年十二月金庸重返內地，尋師訪友來了。十二月三日上午到達海寧時，他就說一定要見見他的老師。中午在海寧賓館，金庸步入會客廳，一眼認出坐在沙發上的章克標老師，高聲地一聲呼喚：「章老師，您好！」急走兩步，恭恭敬敬地行了一個九十度的鞠躬禮。此刻，章老師早已熱淚盈眶，對身旁的人說：「查良鏞從小到大是好樣的，是尊敬師長的榜樣，我活到今年九十三歲了，像今天這樣向我鞠躬的，他是第一個。」

那天，金庸對老師說：「分別五十多年了，今天才看您……這幾十年來當記者，辦報紙，寫小說，承蒙您當年的教誨。我在嘉興一年級時，您教我們數學，印象最深的，是教圓周率，您一直能推算到小數點後一百多個數位，整整寫滿兩張紙。」他對身旁的人說：「老師很幽默，一次晚自習，有個調皮的學生故意問章老師 English 怎樣讀，老師隨口道『洋格里稀』……」

讓金庸感到不開心的，是這位三十年代的「海派」作家竟然被「罷筆」了五十多年。二十世紀五十年代，章克標因被魯迅先生罵過而遭到批判。對此，章克標從不隱諱，作了坦誠的交代與深刻的反省。但是，他還是被開除公職趕回海寧接受監督勞動，直到一九八五年才得以恢復自由。

此時，年已八十五歲的章克標竟煥發了創作第二春。每天執筆不輟，甚至每天以四五千字的寫作速度，與時間賽跑，先後出版了《七色草》、《文苑草木》等散文隨筆集和長篇回憶錄《九十自述》，記述他從事文學活動的所見所聞、人和事。

一九九六年十一月，金庸再次返回故鄉，請章克標共進晚餐。老師的長壽，引起了金庸的好奇和關注。席間，金庸問老師有沒有延年益壽的秘訣。章克標的回答，實在令人好笑，無異一個「黑色幽默」。他說，當年他被開除公職後，從此沒有了「飯碗」，因為吃不上飯，每天只得以稀粥充飢。在他海寧的老家牆上，張貼着一張他手書的食譜，即上頓是粥，下頓還是粥。他喝了足足三十多年的粥，沒想到，原本衰弱的身體強壯了，喝粥喝得什麼病也沒有了。「白粥清淡養胃，又易消化，我的長壽，吃粥吃出來的。不信，你回到香港也試試。」章克標對金庸說。一九九七年二月，北京電視台赴港拍攝回歸專題片《方寸國土萬千情》，攝製組一行採訪金庸，金庸十分動情地說：「今天我很高興，香港就要回歸祖國了。你們應該去拍攝我的故鄉，浙江海寧有我的母校，有一個金學研究會，還有我的老師，他今年已經九十八歲了，給過我許多教誨和幫助，如今他老而彌堅……」於是，攝製組一行專程來海寧，將鏡頭對準了章克標……

一九九八年二月，海寧的文學朋友為章克標做壽，金庸從香港發來賀電：「今吾鄉諸公為師稱觴賀壽，良鏞遠在海隅，未克舉觴當面為師祝賀，謹書數語，願吾師身體康寧，歡樂頤養，數載之後，良鏞當造門祝壽，更受教益也。受業學生查良鏞謹書，一九九八年二月十八日。」此時，章克標九十九歲。

（三）

一九九八年十一月二十日，山西作家韓石山來到海寧，之前他看過章克標《文壇登龍術》，一直想拜訪章克標老人。筆者和另外兩位文友陪同，一道來到老人居住的桃園里新村。

章克標的妻子李覺茵前年過世，他孤單單地住兩間屋，洗衣做飯跑郵局均自個做。韓石山埋怨我們道：「你們只關心他的文學，怎麼不關心他的生活，得給他找一個妻，老人離不開老伴呀！」此時，筆者突然想起剛剛發生過的「女明星登報徵婚」事件，便信口說：「章老，您也可以在報紙上登一則《徵婚啟事》麼！」老人笑了。韓石山對我們說：「章老太孤單了，你們得關心他做這個事。」

沒想到，韓石山的一句調侃，竟然引出了中國文壇一場「百歲徵婚」的大奇事。

十二月初，章克標在給友人的信中，戲寫了一則《徵伴求侶啟事》，他寫道：「本人，一九〇〇年生，年正百歲不老。前年老伴仙逝以來，初時頗感得到解放自由之樂；但一年之後，又漸覺孤獨單調難耐，深感男人的一半是女人的大道理有道理。為此廣告徵伴求侶，以解孤寂。」朋友覺得好玩，將這封信轉寄給了媒體朋友。章克標生於一九〇〇年七月二十六日，農曆七月初一。

一九九九年一月十三日，上海《申江服務導報》頭版刊登了章克標親擬的這則徵婚啟事和他的大幅彩色照片。「百歲老人徵婚」一時成為街頭巷尾的談資，為章克標的勇敢叫好者有之，批評章克標老不正經者更有之。

此刻，章克標正像他的學生金庸筆下的「老頑童」了。經過鄭重挑選，他終於找到了情投意合的「另一半」。哈爾濱的退休幹部劉桂馥是那次應徵者中的一位，當時五十七歲，成了章克標的新妻子。章為這個小他四十三歲的愛妻取名「林青」，取自海寧土話「靈清」，意為妻子靈清聰慧。

一九九九年八月二十五日，百歲老人章克標新婚喜慶宴會在上海延安飯店舉行。老師新婚，學生理當赴宴面賀，但金庸太忙，收到請帖卻沒能赴宴，他給章老師發來了賀電，賀電中化用袁枚詩句：「老尚風流是壽徵」，對此美事嘖嘖稱讚一番：「百歲新婚，佳話流傳千年，海外文人眾口宣揚，生與有光焉。」

百歲新婚之際，章克標把他一生的經歷寫成三十餘萬字的回憶錄《世紀揮手》，金庸為他題寫了書名。二〇〇五年重陽節，一百零五歲章克標終於被吸納為中國作家協會會員。

二〇〇七年一月二十三日，章克標以一百零八歲高齡在上海辭世，新華社發佈消息稱，「章克標可能是中國現代文學史上最長壽的一位作家。」九月八日，章克標的碑像落成儀式在上海松隱山莊舉行，金庸敬獻花籃，上面寫着：「永遠懷念章克標先生」。

文學創作的啟蒙老師

——副刊編輯陳向平

在師長輩中，對金庸影響最大的老師是副刊編輯陳向平，因為金庸的第一次投稿是投給陳向平主持的《東南日報》副刊，他發表的第一篇文章是由陳向平編輯修改的，他的第一篇小說是在陳向平的影響下動筆創作的，他的記者生涯是在陳向平的推薦下開始的。可以說，陳向平是金庸辦報、從事文學創作的第一位啟蒙老師。

（一）

一九四一年九月初的一天，陳向平從來稿中發現一篇散文，標題是《一事能狂便少年》，眼睛一亮：這是國學大師王國維七律《曉步》中的一句，全詩是「興來隨意步南阡，夾道垂楊相帶妍。萬木沉酣新雨後，百昌蘇醒曉風前。四時可愛唯春日，一事能狂便少年。我與野鷗申後約，不辭旦旦冒寒烟」。一查，這篇文章的作者叫「查良鏞」，海寧人，原來是王國維的一個小同鄉。

陳向平又名陳增善，一九〇九年五月生於上海大場陳家宅。一九二六年在寶山縣立師範讀書時參加了中國共產主義青年團，開始閱讀馬列著作和魯迅、郭沫若等作品，積極參加革命活動。畢業後在寶山潛溪小學及寶山、常熟等地的民眾教育館工作，組織發動了寶山縣立小學教師罷教索薪的鬥爭。抗日戰爭爆發以後，陳向平隨第八集團軍戰地服務隊參加了抗日救亡的宣傳工作，以後隨軍撤到金華並留在浙江從事抗日活動，並秘密加入了中國共產黨。一九三九年，陳向平打入《東南日報》主編《筆壘》副刊。《東南日報》是當時國民黨江、浙、閩一帶的大報，在白色恐怖的艱苦環境中，他巧妙地利用了國民黨的輿論工具，組織進步作家撰稿，揭露國民黨統治的黑暗面，宣傳抗日。那時候，陳向平主持的《筆壘》副刊在東南數省的知識份子和青年學生中有廣泛的影響。

查良鏞開門見山地寫道：「去年，我的一位好友被訓育主任叫到房裡去，大大的教訓了一頓。訓到末了，訓育主任對他說：『你真是狂得可以！』是王國維先生說過罷：『一事能狂便少年』。狂氣與少年似乎是不可分離的……」顯而易見，作者鋒芒畢露，指向國民黨的訓育制。當時，國民黨向全國學校派遣訓育主任，馴化學生忠於一個主義、一個黨、一個領袖。陳向平不知道的是，查良鏞讀初中一年級時因在壁報發文諷刺訓育主任，因言罹禍才被迫轉入衢州中學的。此文雖是為同學鳴不平，也是為自己的遭遇而感慨。

陳向平欣喜地往下讀——

「狂氣，我以為是一種達於極點的衝動，有時甚至於是故意的盲目，情情願願地撇開一切理智考慮底結果。固然，這可以大闖亂子，但未始不是某種偉大事業的因素。像我們不能希望用六十度的水來發動蒸汽機一樣，一件驚天動地的事業要以微溫的情感、淡漠的意志來成就，那是一件太美好了的夢想。我要這樣武斷地說一句：要成就一件偉大的事業，帶幾分狂氣是必需的……」

這篇散文用字典雅，犀利而充滿活力，陳向平欣賞之餘有點擔心作者的處境，便將署名改為「查理」，將文章放在《筆壘》第八七四期頭條發表。這篇《一事能狂便少年》便是查良鏞第一次公開見諸報端的文字，算得上「處女作」了。

（二）

不久，陳向平從金華到鄰近的衢州出差，專門到石梁尋訪「查理」。在山坡上一幢舊式閣樓裡，陳向平見到「查理」，覺得驚奇，《一事能狂便少年》的文章竟出自一位十六七歲的高二學生之手。

兩人一見如故，談得很是投機，陳向平對他說：「報紙的任務是教育讀者，目前是抗戰，你們學生不能只讀課本，鼓動宣傳的事也要學一點的。寫文章不能迎合讀者的心理而降低水準，應該以正確的道路指示讀者。」

查良鏞正有點懵懂地琢磨着這話的涵意，陳向平已經拿起旁邊書架上的一本《唐人傳奇》翻看着。「好啊！課外書不僅對你的寫作有幫助，還可讓你明事理，長知識，你應該多多閱讀多方面的書。」他推薦了巴金的《家》、《春》、《秋》等新文學書籍。

兩人一塊在食堂吃飯，陳向平問他：「你打算今後怎麼辦？」查良鏞回答：「高中畢業以後，我準備到內地報考大學。」陳向平微微點了點頭，說：「去雲南吧，考大學最好考西南聯大。」他告訴查良鏞，抗戰期間，遷入雲南的高校有十幾所，最著名的是國立西南聯合大學。西南聯大是由國立北京大學、國立清華大學和私立南開大學聯合而成，薈集了一批著名學者，師資充實，人才濟濟。查良鏞不知道，陳向平還是個共產黨人，他是希望日後有機會，把查良鏞這樣的青年才俊籠絡到共產黨隊伍裡來。

此後，查良鏞與陳向平成了忘年交。一九四一年十二月七日，陳向平編發查良鏞的《人比黃花瘦——讀李清照詞偶感》一文，一九四二年九月三日至八日，查良鏞的散文《千人中之一人》經陳向平潤色後在《筆壘》副刊連載。後來，查良鏞還寫了一首七言長詩，引經據典，低吟淺唱，歌頌戰火中的青春和友誼。發表時，編輯陳向平還特地加了編者按，說這是百裡挑一的佳作。

一九四三年夏，查良鏞按照陳向平的指點，約了幾名同學輾轉到了昆明，真的報考西南聯大。

輪到下午考化學，中午吃完飯，看看還有空餘，查良鏞就和人在茶館下圍棋，兩名同學在旁觀戰。一不留神，時間過了頭，他們急匆匆飛奔着趕到考場，已經開考。湊巧，監考的女老師是陳向平的堂妹，讀過查良鏞的文章，認識他，賣人情讓他們進了考場。查良鏞同時考取了西南聯大和政治大學，因西南聯大路遠，而國立政治大學是公費待遇，他就進了重慶的政治大學。

到重慶以後，查良鏞保持着與陳向平的書信聯繫，常在報紙上讀到陳向平的文章。金華淪陷後，《東南日報》遷福建南平出版，陳向平在《筆壘》上發表了一篇揭露「孔二小姐」在香港淪陷時帶狗坐飛機去重慶的雜文，引起轟動。一九四五年，國民黨政府擴建大場機場，強行霸佔農民大片土地，不付拆遷費和征地費，群情鼎沸。陳向平在上海各報發表文章，進行揭露和抨擊，直鬧到國民黨中央，才得到合理解決。其實，對陳向平的身份，《東南日報》報社中的國民黨要員曾經懷疑過，採取種種手法進行試探，陳向平總沉住氣，用巧妙的言辭應付了過去。在報紙編輯身份的掩護下，他還策動國民黨空軍人員起義，爭取了多架國民黨飛機飛向解放區。而查良鏞不知道這一切，對陳向平仗義立言的膽量感到驚異，他在信中崇敬地說：「您身為正派、儒雅之人，真正是一個有血有肉有擔當的勇夫，良鏞敬仰之。」

無論是文字上的點撥，還是人生道路選擇上的指示，陳向平對良鏞一直有所關照。在信中，他要求查良鏞「以後還要特別注重常識，須知常識是我們人生最重要的學問。常識在前人生活的印跡之中，在書籍報章的記述裡面，讀之便會增進見識、才力、智慧……」

在重慶，查良鏞的文學創作沒有停歇，曾經寫過短篇小說，題目為《白象之戀》，參加重慶市政府舉辦的徵文比賽，獲得二等獎，署的是真名「查良鏞」。題材是泰國華僑的生活，採用新文學的形式。

在陳向平的影響下，一九四五年二月，查良鏞與人合伙創辦《太平洋雜誌》，他任主編。創刊號上發表了他寫的長篇小說《如花年華》，仍以「查理」為筆名連載。這第一章有九千字左右。小說寫一個名叫王哲的南洋僑商之子，不幸父親去世，遺留了大筆財產待他繼承。十九歲的他，回國在江南某城海濱大學外文系念書。他母親是一位美術素養極高的女性，從小有繪畫天賦。一天，母子倆在海濱遊玩，繪畫寫生，邂逅一個失去媽媽的八歲女孩，故事便由此生發開去……小說文筆清新，節奏明快，語言活潑流暢，採用了新文學的形式撰寫。在創刊號「本期內容」欄目中，這樣介紹它的梗概：「《如花年華》長篇創作，描寫孩童的天真，青年的熱情，愛情的真摯，人生的命運等。格調高超，意境清艷，每章自成一段落。」

創刊號甫一面市，三千冊不久便售罄。這給金庸極大的鼓舞，於是，他便積極編輯《太平洋雜誌》

第二期。長篇小說《如花年華》的第二章也已脫稿，後來，因為金庸及其合伙人無法籌措到第二期的印刷經費，而不能付梓問世。出自金庸手筆的一段精彩的小說創作，便與第二期的其他稿件一起丟進了字紙簍。面對如此困窘的局面，金庸無奈地放棄了把《如花年華》繼續寫下去的念頭。一部長篇佳構就這樣不幸地流產了。

抗戰時期，金庸在重慶撰寫小說，可以說是他二十幾年後成功地創作大量武俠小說的練筆，也是他文學事業的啼聲初試。

日本投降，《東南日報》的「雲和版」回杭州繼續出版，「南平版」遷到上海，作為總社，胡健中親自主持，陳向平主編《長春》副刊。杭州本是《東南日報》的發源地，這時卻成了分社。查良鏞在金華版和南平版發表過三篇文章，都是陳向平編發的。

金庸回浙江時與陳向平有過一次短暫的會面，陳向平贈給他幾本茅盾的小說。

（三）

一九四六年夏，陳向平收到查良鏞的信，郵自浙江海寧。信說：「……陳老師，還記得良鏞載於《筆壘》的文章，一事能狂便少年，前年，良鏞在國立政大念外交系，有一位思想開明的同學被拉到台上挨了打，良鏞氣憤不過，找了訓導主任辯理，不滿意這種專橫，不意被學校當局開除。良鏞在湘西油茶農場年餘，發展未果，故回浙江家中閑待。戰爭流離尚已結束，良鏞思慮再三，欲在杭州謀一職糊口……」

這一年，查良鏞二十三歲。眼下的家境不允許他繼續求學，他欲去杭州謀職，憶起了《東南日報》編輯陳向平。熱心的陳向平向杭州《東南日報》總編輯汪遠涵推薦了查良鏞。汪是浙江溫州人，圓臉，戴一副深度近視眼鏡，畢業於復旦大學，一九三九年在金華和陳向平一同進《東南日報》，從編輯到編輯主任，一路做到總編輯。

這番推薦，使查良鏞順利踏進了報界的大門，從而讓中國多了一個著名報人。

一九四六年十一月，查良鏞正式進入杭州眾安橋的東南日報社。初來編輯部，汪遠涵聽說他的英語水平相當高，就請他負責收聽外國電台如「美國之音」、英國廣播公司的英語廣播，擇其可用的譯出來，偶爾也會選一些英文報上的短文請他移譯備用。金庸一接手馬上動筆譯好交卷，給他留下良好的印象。

一九八八年，汪遠涵曾與金庸通信，舊事重提說到陳向平：「一九三九年在金華期間，我和陳向平先生一起進入《東南日報》。他這個人十分熱情，對青年學生格外親近友好。……《東南日報》的國際新聞稿完全來自美國之音和大英廣播電台的消息，上海總社的陳向平先生介紹你來杭，做這份收聽和翻譯的工作。……陳向平詢問過你在《東南日報》的境況，我說你英文水平相當高，行文流利，下筆似不假思索，翻譯特好。」

汪遠涵非常喜歡這個年輕人。他們曾同在杭州天香樓喝陳年花鷳，以鰣魚佐酒，所以四十年後查良鏞給汪的信中說：「記得吾公喜食鰣魚，鰣魚初上市時，輒先嘗鮮。現在香港食此魚時，每每憶及。」在他眼中，汪是個好好先生，謙和平易。一九九三年他說到自己懷念的新聞人，其中就有汪遠涵。

查良鏞在《東南日報》工作一年有餘，一九四七年九月離開杭州赴上海做《時與潮》雜誌社譯文編輯，也是陳向平向人推薦的。不久，查良鏞考取全國聞名的《大公報》獲新聞記者職。陳向平曾對《大公報》上海分社經理吳政之誇說他的才能：「別看他年輕，筆頭卻很老到，而且才智敏捷，有自己的主張，既懂國際知識，又能代社長起草社論，人才難得啊！」一九四八年《大公報》設香港分社，吳政之派查良鏞前往……

一九四九年春，查良鏞與杜冶芬的婚典在上海舉行，陳向平以好友身份出席。據婚典操辦者、金庸的同學沈德緒回憶，那時為迎接解放，陳向平組織上海教師成立護校委員會，日夜操勞，但接到查良鏞的結婚請帖後他還是來了。後來，金庸在給陳向平的信中說：「當年新婚之時，為兄囑弟另謀新職，不宜離滬，良鏞固執決意赴港，終致家室不就，而今憶及，感念兄之囑言至誠至善也……」

新中國成立後，陳向平曾任上海市教育局研究室主任，新知識出版社副社長，上海古典文學出版社副社長，中華書局副總編輯等職務。一九七四年十月十三日，因長期遭受政治迫害身患疾病的陳向平逝世於上海，終年六十五歲。當年婚禮上一別二十多年，狂氣少年查良鏞成了武俠小說家金庸，他對師長的敬重卻從未遞減，然而由於政治環境的原因，這對師生不得相逢。

一九九九年，金庸出任浙江大學人文學院院長，他在給傳播系學生談論辦報生涯時，回憶起當年在《東南日報》的歲月，情真意切地說道：「四十年代我在陳向平主持的《東南日報》發表過散文。編輯陳向平是一個有膽識的人，堅持真理，人家要殺掉他，他也不怕，給過我很多啟發。因而我在香港辦報紙是拼了命來做的，是準備把性命犧牲，把報館也準備讓他們鏟掉的。我辦報不能說成功，只能覺得自己一生運氣還不錯，蠻好的，碰到一些關鍵問題，常常自己做的選擇做得比較好的，都對自己有利的。可以說，當年遇到陳向平是我的運氣，他教我如何讀書、寫作、做人……」

金庸成為著名報人和小說家以後，最先想到的仍是啟蒙老師陳向平最初的那番功不可沒的教誨。

金庸日記裡的「浩弟」

——同學王浩然

王浩然是衢州人，查良鏞是海寧人，他們是在衢州中學讀書時相識的。當時，王浩然和查良鏞、江文煥成為同學中的「三駕馬車」。查良鏞在日記裡稱倆同學為「浩弟」、「煥哥」。①

晚年，金庸在與池田大作的對話中，提到少年時在石梁求學的事，「中學階段度過的歲月是我一生中最難忘也最快樂無憂的歲月。」「那時學習條件很艱苦，讀書使我有苦中作樂的感覺。」說起少年同學王浩然等人，他記憶猶新。

（一）

一九四〇年七月，王浩然上高中二年級，班上來了個插班生。看這少年，中等身材，天庭飽滿，方臉闊嘴，戴一副銀邊眼鏡，左肩掛大行囊，右腋夾一書包，雙手捧的卻是黑白分明的兩盒圍棋。見了人，無論是老師、學生還是校工，他總是先點頭，然後謙和地笑，自我介紹，說是從碧湖的

① 王浩然《金庸少年行》，《杭州日報》，二〇一一年九月六日。

杭州聯合高中轉學而來，姓查名良鏞。他的妹妹叫查良琇，由他帶着逃難出來讀書，跟着他一起到衢州中學插班，進入師範部學習。

這時候，衢州中學為避開日本飛機的轟炸，早就搬遷到了衢州城西北約二十里的石梁鎮。這裡丘陵起伏，盆地相間。溪水匯入衢江，溪江兩岸，群山連綿，懷抱着石梁鎮的烟樹人家。當時衢州中學分為初中、高中、師範及附小，最多時有四十多個班級，分散在石梁鎮和上、下靜岩村。王浩然和查良鏞就讀的高中部就設在「翠崗縈抱、阡陌縱橫」的下靜岩村。

原先七所流亡在麗水碧湖的公立學校合併為浙江省立臨時聯合中學，金庸入讀。一九四〇年上半年，因在學校壁報上撰文諷刺訓育主任而險被開除，後經校長張印通等人努力，轉學進入衢州中學，金庸度過了自稱為「人生中最大的危機」的時光。

王浩然回憶金庸：「我們搬遷到鄉下（石梁）學習，哪還有心思伺候琴棋書畫。但這個少年，不怕旅途勞頓，就那麼捧了兩盒圍棋款款而來，真是很不尋常。」

開學不久王浩然和查良鏞、江文煥合租了一間村民的舊閣樓，儘管桌子、椅子、床鋪又舊又破，但新買的書架收拾得整整齊齊，蔚為壯觀，參觀的同學，包括查良鏞的妹妹都嘖嘖稱奇，羡慕不已，當然這是查良鏞的功勞。

閣樓裡沒有電燈，只有一盞汽油燈，因為煤油奇缺而擱置一邊，三個人合用一盞青油燈看書做作業。青油燈是王浩然用一節毛竹做成支架，放上一隻小鐵盆子，盛滿青油，以一種專用的燈草引燃。

為了學好語文 英語兩門功課 查良鏞在起床號聲之前就悄悄地起床了，看了一會書。號聲一響，三個人一塊來到河邊、溪灘，放聲朗讀。

下課之後，三個人回到「陋室」，或抒鴻雁之志，縱論天下興亡；或談莎士比亞 狄更斯著作之妙，常常忘記時辰。三人埋頭做作業的時候，閣樓的窗口會冷不防地飛入一隻驚慌不已的小麻雀。有一次，王浩然抓獲了一只小麻雀，將它關在一隻小木箱裡，蓋子上捅了個小洞透氣。第二天，查良鏞將它偷偷地放回了山裡，為此，王浩然跟他賭了一回氣。

查良鏞是捧着兩盒圍棋來插班的，這點愛好總如影隨形跟着他。王浩然不懂圍棋，查良鏞說：「沒事，很簡單的，我可以教會你。」閑時，查良鏞常和王浩然、江文煥兩位同學下棋。王浩然很快知道了如何做活、如何叫吃等等，也懂得了圍棋「金角、銀邊、草肚皮」的道理。兩人對局，王浩然從來都是輸多贏少，難得佔先一局，互不服氣，出現追追打打的場面，也是為了好玩。

查良鏞除了上課、吃飯、睡覺，給人的印象總是一卷在握，安心閱讀，什麼事都不能讓他分心。

晚飯後，王浩然和江文煥強扭着將查良鏞「逼」出閣樓，來到附近的田邊、溪邊散步。此刻，石梁等村子附近周圍，不論是樹蔭下、山腳底，甚至荊棘叢生的墳堆荒丘邊，三三兩兩地分佈着帶着書本和講義的同學。鄉間小道上，歌聲此起被伏，既有《大刀進行曲》、《義勇軍進行曲》或《松花江上》等抗日歌曲，有時也傳來「送君送到百花洲……」的歌聲。

三位同學朝夕相處，影形不離，「三駕馬車」在校園裡叫開了。查良鏞從小就有記日記的習慣，王浩然尊重朋友隱私從不翻看，但有人在徵得同意後看過，說裡面凡寫到王浩然和江文煥的都稱作「浩弟」、「煥哥」。其實，三個人同歲，「浩弟」比查良鏞僅小幾個月，「煥哥」也只大了查良鏞二十多天。

查良鏞求學石梁期間，不但成績好，為人處世內斂、穩重、正派、儒雅，亦為人稱道。來衢不久，班長改選，查良鏞任班長。

王浩然愛打乒乓球，查良鏞則喜歡籃球、排球和游泳，在石梁沒有乒乓球台，王浩然只得跟良鏞一起打籃球。一九四一年冬，衢州舉行乒乓球賽，體育老師推薦王浩然參加。王浩然覺得擱荒多年，肯定技不如人，缺乏信心，他又想，戰火燎原，偌大的祖國放不下一張平靜的書桌，哪有什麼心情打乒乓球，所以不想去。查良鏞聽說了，很着急，對他說：「越是兵荒馬亂，越是要打乒乓——這正可說明我們是文明人，怎樣的野蠻都奈何不了我們。如果你去參賽，我也向老師請假陪你一塊去。」在他的鼓勵下，王浩然硬着頭皮前往衢州城，查良鏞也沒有食言，前前後後地陪着他。王浩然歉意地說：「對不起，良鏞，我耽誤你的時間和功課了。」查良鏞回答：「哪裡啦，兄弟一場，應該的。」

王浩然深情地回憶道：「只要天氣允許，每天晚飯以後我們都外出散步，沿着溪旁通往衢州城的大路徐徐前行，欣賞落日餘輝下田間和山野的風光，笑聲朗朗，恢復一天來學習的疲勞。」

（二）

在衢州求學的兩年時間，對查良鏞人生和文學創作起着重要的作用。後來在寫給王浩然的一封信中，他坦誠地說：「我許多創作靈感來自衢州。」是啊，無論是他武俠小說中頻繁出現的石梁幫、龍游幫，還是零星提及的爛柯山、白布怪，衢州的風物人情、要好同學的生活和情感在他的筆下均有所體現，其俠義主張莫不與他在石梁的見聞有關。

一九四〇年十月間的一個星期六下午，王浩然邀請江文煥和查良鏞到他家做客。王浩然家是典型的江南橘鄉，兩位同學看到一片片橘林，還有廣橘樹和高大的柚子樹，密林成蔭綠枝繞屋的景象，興緻盎然。

趁母親張羅晚餐時，王浩然陪同倆同學去散步。村子西南是衢常（衢州到常山）公路，三人忽見公路上躺着一位像從前線退下來的傷兵模樣的人，傷勢嚴重，艱難地由東向西爬行，好像要爬回福建老家似的，講的是一口無法聽懂的閩語。看樣子他在發燒，口渴難熬。查良鏞讓王浩然跑回家取藥，他和江文煥扶他到前面一個涼亭休息。王浩然以最快速度取來平熱散（當時的北京名藥）和溫開水，三人幫這位可憐的傷兵服下藥，喝足開水，目送他繼續爬行前進，直到從視線裡消失……

這件事使三人的心靈都受到極大的震撼，回去的路上，大家默默不語。

一九四一年五月，日本空軍開始在寧波、紹興等地投擲細菌彈，傷寒、鼠疫、出血熱等疾病漫山遍野地傳染開來。班上有江山籍兩同學春假回鄉，在渡船上受到感染，一位同學不幸到家就死了，另一位是班上的籃球名將毛良楷，還得過全省運動冠軍，身體特棒，他也不知道自己得了鼠疫，結果還撐到回校，不日還是死了。鼠疫是重度傳染病，人人談之色變，避之唯恐不及。儘管對死者的遺體做了初步消毒，被安置在一個單獨的房間裡，可是，學校消毒條件有限，遺體還得送往衢州城做進一步的處理，然後送回江山老家入土為安。問題是，風餐露宿，整日和「病原體」

近距離接觸，誰肯一路相伴相送？校醫和老師沒有空，同學呢，大都沒有這個膽量。最後，班長查良鏞站了出來，「我去！」於是，學校雇了幾個民工，查良鏞代表全校師生，將遇難同學的遺體送達衢州城。回來後，王浩然和老師幫他洗澡，全身都洗過，連頭髮也剃光。查良鏞自謙：「整個抗戰期間，自覺有點勇氣的事就只這麼一件。」①

事後，王浩然當面誇班長有義氣有俠膽，查良鏞謙和地說：「哪裡啦，兄弟一場，應該的。」這件非常恐怖的事情，讓查良鏞銘心刻骨。這是他留在衢州的俠氣。

第一個暑假，同學們大都回家去了。王浩然和查良鏞、江文煥住在舊閣樓裡不回家。天氣炎熱，大太陽下除了游泳不能做其他運動，三個人只好在屋子裡埋頭讀書。有一天，三人聊天，江文煥問查良鏞：「何為朋友之『義』？」查良鏞拿《世說新語》一則荀巨伯探友的故事講給他們聽：東漢桓帝年間，有一個叫荀巨伯的賢士，一向恪守信義，篤於友情。有一次，荀巨伯遠道去探望生病的朋友，正好遇上胡兵進攻郡城。朋友對荀巨伯說：「我現在就要死了！您還是離開吧。」荀巨伯說：「我遠道來看你，你卻讓我離開，讓我捨棄正義來保全性命，這哪裡是我荀巨伯做的事！」胡兵進城後，對荀巨伯說：「我們的大軍一到，整個郡城的人都跑光了，你是什麼人，竟敢獨自

① 王浩然《金庸少年行》，《杭州日報》，二〇一一年九月六日。

一個人留下來？」荀巨伯從容不迫地回答道：「在下荀巨伯，因友人重病在身，無人照顧，因此千里探視，不忍離去。望刀下留情，要殺就殺我，千萬不要傷友人之命！」聽罷，胡兵紛紛議論，將領也被感動了，「我們這些不懂道義的人，卻侵入了重道義的郡城！」於是下令撤回大軍，整個郡城都得以保全。查良鏞說：「荀巨伯臨危不棄朋友之高義，才是真正的朋友義氣——為了正當的事或情誼，而能夠替別人承擔風險，甚至不惜捨棄自我，成全他人的氣度，這是他對朋友之『義』的最好詮釋。」

（三）

快過年了，學校放寒假，王浩然約查良鏞到他家小住。那時，王浩然情竇初開，剛寫了封信給同班女生。那晚查良鏞得知，就讓他把情書背給他聽。老實的王浩然竟然一字不漏地背出情書全文，查良鏞聽完大加讚賞，連說：「寫得好，寫得好，十有八九會有回信。」果然，王浩然後來收到了回信，掀開初戀帷幕，以後終成眷屬。婚後妻說，當初就是因為他的信寫得好才回信的。

查良鏞對王浩然說：「你這人感情豐富，適宜往文學方面發展，可以多讀些世界名著。」

那時候，圖書館在石梁校本部，每隔兩星期才可以去借一次書。每次，他們三人結伴而行，借的書大多是西方文學名著漢譯本及部分英文原著，還有一些世界歷史。查良鏞博覽群書，記性又好，差不多能過目不忘。有一次，從圖書館回來的路上，查良鏞對王浩然說，英國有一所名校的看門人，凡是在該校進出的陌生人，只要報過尊姓大名讓他照面過一次，隔再多時日他也能夠一一認出叫出名字。王浩然敬佩地說：「他的記性真好！」查良鏞淡然回答：「這沒什麼稀奇的，我也能做到。」王浩然當初不信，後來信了：班長書看得多，記性又好。上語文課每隔兩周做一次作文——規定題目，兩小時內當場完成。每次，良鏞總是第一個交卷，內容精彩，見解深刻，得分最高，老師給的評語總是讚譽有加。所以，每次發作文本子，浩然總是第一個看班長的作文。

有一次，王浩然拿一作文本給查良鏞看，是一名低年級同學寫的，有情節，有風骨，寫得特別棒。王浩然讀不懂文章的路數，查良鏞看了幾篇練習作業，很是喜歡，沉吟半晌說：「書劍恩仇，這是用武俠小說筆法作的作業……」

抗戰時期的江浙一帶，《東南日報》是新聞界、文化界的一面旗幟。其中的副刊《筆壘》，選稿更以嚴格著稱。一九四二年前後，有一個筆名「查理」的作者開始活躍報端，日漸引起讀者的注意。別人不知道「查理」是誰，但王浩然知道，「查理」就是班長查良鏞。

同住舊閣樓的江文煥，跟查良鏞一樣，眼裡容不得沙子。國民黨安插在學校的訓育主任楊筠青被學生們懷疑有貪污問題——訓育主任是專門教人品行的，自己還貪污，這還了得！由此引發學潮，江文煥帶頭參加，結果被開除。查良鏞為他鳴不平，寫了《一事能狂便少年》一文發表在《筆壘》副刊上，稱讚這位要好同學「有着火熱的情緒」，「因為狂氣固然會使保守者感到非常憤怒與厭惡」，「而使他成為我最親密的友人的，正由於這種性格」。

一九四二年五月二十四日，日軍攻陷金華，衢州危在旦夕，學校停課疏散，畢業班也提前草草畢業。學校還給學生發了流亡學生證明，上面印着「衢州中學」的公章。金庸在衢州石梁的求學生涯就此結束，與江文煥、王浩然等衢州同學朋友，在航埠鎮王浩然家裡集中，帶着隨身衣物和路上吃的炒米，擠上了江西的火車，憑着流亡學生證明可以免票，繼續着亂世求學夢……

王浩然回憶，「西行的道路險峻難行，每人肩上負擔沉重，個個汗流涔涔，氣喘吁吁。良鏞的負擔更重，他的背包裡還塞滿《綜合英漢大辭典》、《高級英文寫作和選讀》以及英文本《聖經》。」連續趕路，日曬雨淋，吃不好睡不好，走到南豐時，除了查良鏞，七個人全病倒了。住進一戶人家，查良鏞燒粥燒飯給大家吃。硬撐五天，日軍沒有來犯，醫生陸續回來，藥房也開張了，良鏞找來醫生給生病的同學看病吃藥，這樣一來，花光了大家身上所有的錢。

一九四三年，王浩然和良鏞考取了西南聯大和政治大學，因西南聯大路遠，而中央政治大學是公費待遇，兩人就一塊到了重慶，進入中央政治大學。

王浩然記得，抗戰時在重慶念書，那時國民黨政府時時有向日本求和之想，有些御用教授們就經常宣傳「岳飛不懂政治，秦檜能顧大局」的思想。有一次，後來任國民黨中央宣傳部副部長的陶希聖到學校演講，語氣間又宣傳這套理論，查良鏞和王浩然等同學聽得很氣憤。在他第二演講之前，查良鏞先在黑板上寫了「青山白骨」，暗示「青山有幸埋忠骨，白鐵無辜鑄佞臣」這副對聯。陶希聖見了心裡有數，就不再提這個話題了。

後來，良鏞挑戰專橫的學校訓導長被勒令退學，離開重慶，王浩然畢業後從教，建國後成為杭城一位高校老師。直到上世紀八十年代，查良鏞和夫人一起來到王浩然的家。之後王浩然去下榻賓館看他，興緻勃勃的查良鏞說：「今天晚上我們可以談話到天亮。」說起少年時代，說起同住舊閣樓的歲月，兩人神采飛揚，彷彿回到當年。

查良鏞曾說：「在衢州中學的兩年，是我最快樂、最難忘的時光。儘管當時讀書條件很艱苦，但衢州中學的老師對我很好，學習氛圍也很濃，我受益很多。我當時在校圖書館借閱了許多書籍，特別是《萬有文庫》中的古今中外名著。」

晚年居住在杭州的王浩然保存着金庸寫給他的幾封長信，黑色鋼筆字，正體豎寫，憶及當年，細節歷歷，他還記得陪王浩然去縣裡參加乒乓球賽，信中提及一長串名字，浩然、文煥……江文煥後來在西南聯大讀書時參加了中共地下黨組織，一九四九年四月任衢州中心支部書記領導武裝鬥爭時被捕犧牲。

二〇〇四年十月，金庸首次回訪母校衢州第一中學，兩位老同學重逢，他對王浩然說：「我許多創作靈感來自衢州。」他還戲言：「當年寫《碧血劍》時，比較匆忙，把『龍游幫』寫成反面形象。如果再寫，會重新考慮。」

那次回訪，王浩然陪着金庸在「衢州六烈士」之一的江文煥像前停留了好久。金庸題字：「溫雅豪邁衢州人，同學少年若兄弟。六十年中常入夢，石梁靜岩夜夜心。」落款是：「少年時負笈衢中，師長教誨，同學勉勵，常自懷念。今訪母校，見規模大張，日思昔日，不禁悲喜交集也。金庸甲申秋。」

「我們兩個都寫了十四部書」

——同學沈德緒

沈德緒是浙江省嘉興縣新塍鎮人，出生於一九二三年十一月，比金庸大一歲。從初中到高中，從入學時的嘉興南湖到流亡求學時的麗水碧湖，沈德緒與金庸友愛五年，結下了真摯的感情。

一九八五年，金庸與沈德緒等老同學聚會，酒至三巡，金庸請他夫人、兒子站起來，當着全體賓客，朝着沈德緒說：「我們一道向沈伯伯敬酒，你們可要記住，我的命是沈伯伯救的！」

（一）

一九三六年進嘉興中學時，沈德緒與查良鏞成為同班同學。那時，查良鏞在班上個子最小，長得瘦瘦的，頭卻大大的，同學們戲稱他為「小蘿蔔頭」，而沈德緒身材高挑，初看像個美國人。大個子沈德緒常常拿金庸尋開心，好幾次把「小蘿蔔頭」弄哭了。有一次全班師生到嘉善野營，剛走一半路程，「小蘿蔔頭」已累得氣喘吁吁。沈德緒二話沒說，搶過查良鏞的行李放在自己的肩頭。這回「小蘿蔔頭」感受到同學之間的溫暖。

沈德緒發現，查良鏞學習方法特別，上課從不記筆記，聽講卻十分專心，考試成績非常優異，初中升學考時名列全校第二。查良鏞課餘特別愛好文學，看小說又多又快，一目十行，而又過目不忘，兩三個鐘頭就看完一本書。他的字也寫得既快又好。他跟沈德緒說：「寫字一要清楚，二要快，三要漂亮。」

沈德緒學習也非常用功，上課時不停地記筆記，生怕漏掉老師的講課內容。

一九三七年十一月五日，日軍在杭州灣登陸，嘉興受到威脅。十一月十一日，沈德緒和查良鏞隨學校踏上千里流亡之路。十二月底，嘉興中學師生經過長途跋涉，步行到達麗水碧湖鎮。

一九三八年一月，沈德緒和查良鏞同一批進入設在碧湖的浙江省戰時青年訓練團受訓。三個月裡，兩人一同穿軍裝，打綁腿，着草鞋，一個番薯兩人分着吃，親密無間。

一九三九年初，沈德緒和查良鏞準備參加初中升高中的考試，放學後，兩人一起復習功課，互相切磋。有一天，查良鏞突發奇想，對沈德緒說：「考高中這麼辛苦，我們何不編一本小學升初中的參考書，讓考初中的同學們閱讀，可以減少他們的復習時間。」沈德緒說：「好啊！」找來要好的同學張鳳來，兩人推選金庸為主編，三個人合編了《獻給投考初中者》，並趕在考試前由麗水的一家書局印刷出版。這本書搜集了當時許多中學校的招考試題，加以分析解答，同時用一種易於翻閱的方式來編輯，出版後不僅暢銷浙江，還遠銷到江西、福建，甚至重慶等省市。這本書的暢銷使查良鏞和沈德緒三人得到了不少的稿酬，有了在抗戰期間的生活費，並接濟一些有困難的同學。

一天，沈德緒對查良鏞說：「我有一個同鄉，女孩叫朱幗英，是從家裡逃婚出來的，想要讀書沒有錢，良鏞，我倆一塊幫助她，好嗎？」放學後，沈德緒將一位含淚女孩喚到查良鏞面前。

半個月前，十五歲少女朱幗英，舉着碧湖聯合高中的錄取通知書興奮地跑回家。父親眼皮都沒抬一下，冷冷地拋出一句話：「兵荒馬亂的，念什麼書?你早晚都是嫁出去的人，女孩子讀到初中，夠了!」懷揣着強烈讀書夢的朱幗英，心被深深刺痛，她默默啜泣着。三天後，朱幗英看到男方送來的彩禮，悄悄離家「逃婚」了。來到碧湖後，她意外遇見了小學同學沈德緒。

此刻，查良鏞安慰她：「你別哭，我和德緒會幫助你的，只要學校收下你插班，你的學費我們替你交。我想你爸爸會同意讓你上學的。」

這樣，朱幗英成了沈德緒和查良鏞的同學。

（二）

從一九三九年九月到一九四〇年十月在碧湖聯合高中時，沈德緒和查良鏞還是同班同學。

有一次，查良鏞讀了英國小說家笛福的《魯濱遜漂流記》。魯濱遜被大浪沖到海島邊，這是一個荒蕪人烟的海島。孤獨，刺激，冒險，魯濱遜在與世隔絕的環境中，蓋屋，打獵，播種，孤身一人，頑強地生活了二十八年。真實自然、富有傳奇色彩的故事感動了查良鏞，他跟沈德緒談論着感想。

查良鏞問：「如果你是他，當船在暴風雨中失事的時候，你會像他那樣不向命運低頭繼續遠航嗎？」

沈德緒老實地答道：「不，如果可以選擇的話，我不會去接受那充滿困難和挫折的生活，因為我沒有那份自信。」

查良鏞接着問他：「如果你是他，當獨自一人置身於荒島之上，叫天天不應，叫地地不靈時，你會像他那樣不自暴自棄，重燃生的希望嗎？」

沈德緒還是老實地答道：「不，面對突如其來的災難，我不可能像他那樣因時順變，積極自救，因為我沒有那種能力。」

查良鏞說：「是的，我們的生活缺少了驚險和刺激，因而我們沒有魯濱遜的堅強和毅力。」於是，暑假裡兩人約了朱幗英等同學，野營到了距校園九公里的一個孤島上。

碧海、白雲、沙灘、森林，這一切都顯的那麼生機勃勃，那麼美！只見小島上蘆葦叢生，島灘堆滿亂石，小魚小蝦活動其中，沈德緒、金庸和同學用自己的雙手在荒野中搭帳篷，自己埋鍋做飯，生活了三天。

回校不久，查良鏞患了瘧疾病倒了，病得很重，一天到晚昏昏沉沉。當時由於日寇的全面侵華，碧湖聯中的經濟相當匱乏，學生中肺病、瘧疾、傷寒、寄生蟲、皮膚病五病流行，且缺醫少藥。沈德緒非常焦急，日夜陪伴照料。他向當地老農要了一個方子，拉着朱幗英等同學翻山越嶺去採摘草藥，煎熬後給查良鏞服下，退燒去疾，一連服用十多天，查良鏞病情才好轉，漸漸地完全康復。

查良鏞一九四四年考入重慶國立政治大學外文系，因對國民黨職業學生不滿投訴而被勒令退學，一度進入中央圖書館工作，後轉入蘇州東吳大學（今蘇州大學）學習國際法。抗戰勝利後回杭州進《東南日報》做記者，一九四八年在數千人參加的考試中脫穎而出，進入《大公報》，做編輯和收聽英語國際電訊廣播當翻譯。不久《大公報》香港版復刊，金庸南下到香港。這幾年，他常常惦念着同學沈德緒。當年告別時，沈德緒竟聲淚俱下，多次哽咽，那一副為同學委屈的表情和難捨難離之狀，查良鏞記憶猶新。

一九八五年的一天，查良鏞、沈德緒、朱幗英等幾位老同學在杭州聚會，酒至三巡，金庸請他夫人、兒子站起來，當着全體賓客，朝着沈德緒說：「我們一道向沈伯伯敬酒，我的命是沈伯伯救的！」①

（三）

一九四七年一個秋風送爽的早晨，查良鏞來到浙大園藝場，看望同學沈德緒。

少年時同學久別重逢，分外親切，兩人一邊賞景，一邊娓娓交談。沈德緒告訴查良鏞，離別的第二年，日軍進犯麗水，學校被迫解散，他逃往江西贛州，繼續高中學業。一九四三年夏，江西全省升學考試時，他以優異的成績被保送進當時遷址於貴州湄潭的浙江大學農學院園藝系。一九四五年抗戰勝利後，浙江大學遷回杭州原址復學。兩個月前，他大學畢業後被選留在園藝系任助教，兼職籌建園藝場，開展果樹、蔬菜的引種工作。早在四十年代，他與老師吳耕民一起進行蔬菜育種，曾育成了全國聞名的浙大長蘿蔔。

查良鏞告訴沈德緒，他已經離開《東南日報》，已經在《大公報》當國際版的電譯編輯有半年了，今天是來向他告別辭行的。

①《金庸與沈德緒》，《錢江晚報》，二〇一〇年十二月六日。

「好啊，《大公報》在上海，我們會經常見面的。」沈德緒說。

「不，我馬上去香港了。」查良鏞說，《大公報》恢復香港版，他被確定為派遣人員。

那段日子，查良鏞正在戀愛，因在《東南日報》主編副刊而結識了少年杜冶秋，從而與其姐姐杜冶芬一見鍾情。此前，他已在準備實現和杜冶芬春天時就計議好的事情，親自向杜氏父母求婚，如果順利，他希望在明年春天時去海寧完婚，以遂老父多年心願。此刻拿着去香港的調令，他為難了。他去香港還沒有徵得杜冶芬的同意，他不知她對此會是什麼態度。

「婚姻和職業一樣重要，女孩子錯過了就找不回來了。」沈德緒勸老同學趕快提親，莫耽誤了這段姻緣。

眨眼之間，查良鏞到香港已經半年了，又收到了德緒的來信：「不知你在香港是否已經安定了，如果工作能脫開身，你回杭州來聚聚吧，我以為，現在就是你回來提親的時候了……」查良鏞什麼時候回杭州提親的，查良鏞沒告訴老同學。

一九四九年早春，查良鏞和杜冶芬在上海結婚，婚宴設在康樂飯店，新婚洞房設在上海國際飯店。因為新郎遠在香港，一切瑣事均是沈德緒會同杜冶芬父母精心操持的。沈德緒數十年後回憶說：「那天，新郎倌良鏞身穿白色筆挺西裝，頭戴他喜歡的巴拿馬白色禮帽，始終面帶微笑，向着來客們點頭致意，接受着賀客的讚美……」

令沈德緒意料不到的是，這場彌漫着溫馨喜氣的婚姻竟是十分短暫的。一九五三年早春，查良鏞再返杭州，與沈德緒、朱幗英以及查良鏞胞妹查良璇等同學會聚，並在杭西子湖畔合影。查良鏞告訴沈德緒，他與杜冶芬已經分手。

後來，沈德緒與人談起查良鏞的這次婚姻破裂的原因，他說：「有些報紙說查、杜分離是因為查欲求職外交官遭妻子反對，迫不得已才分手的，這是無稽之談。實際上，金庸想去北京外交部求職，目的是要回到國內，這也有妻子的意思，他是想挽回這段婚姻的。」他認為，「後來他倆離婚的主要原因，恐怕還是愛的基礎不牢靠，杜冶芬有點嬌，不願意留在香港吃苦」。杜冶芬獨自回杭後，沈德緒曾經多次去她家說情，勸她回心轉意跟查良鏞重歸於好。

匆匆走過六十年後，金庸與沈德緒殊途同歸，有一段時間竟又走到浙江大學一起來了：金庸出任浙江大學人文學院院長；沈德緒當時任浙江大學園藝系博士生導師。沈德緒寫了《果樹育種學》、《果樹育種實驗技術》、《園藝植物遺傳學》、《柑桔遺傳育種學》等十四部學術著作，其中五十六萬字的《果樹育種學》在一九九六年就被譯成外文出版。據他在申報中科院工程院院士的材料中統計，他培育的「浙大長」蘿蔔、「早雀鑽」蕃茄、「黃花」梨等新品種在全國推廣以來，據可靠的估計，為國家累計創造利潤五百八十億元人民幣。

一九九六年十一月十一日，沈德緒在海寧參加金庸小說研討會的時候，與筆者相遇，一同前往袁花金庸舊居參觀。他開玩笑地對筆者說：「金庸出版了十四部武俠小說，成了億萬富翁；我出版了十四部學術著作，為中國農民增加了五百億元收入，卻兩袖清風。近來出版學術著作，還要自己掏錢！」

也許，這句話傳給了金庸，金庸在寫給沈德緒的信中說：「我們兩個都寫了十四部書，我寫了十四部武俠小說，是閑書，你寫了十四部科學的學術書，你培育的梨子又大又甜，大家愛吃你的水果，因此你的成就比我的大！」

一九九七年四月，沈德緒赴美國探視女兒歸來，途經香港時看望金庸，得知他剛剛做過心臟「搭橋」手術，便勸他以後靜心休養，不要經常外出旅行了。金庸嘻嘻一笑回答：「生命在於運動，靜坐在家裡莫是讓各個器官都堵塞了，我還是要多去走走，看看，看的要有意思，走的要留有腳印，不能老是麻煩人家。」

二〇〇二年八月二日，八十歲的沈德緒因心臟病突發而去世，金庸以挽詞「同窗誼在救命有恩」悼念老同學。①

① 方伯榮《金庸同學沈德緒》，《南湖晚報》，二〇一二年九月七日。

金庸執弟子禮向他鞠躬

——洋導師麥大維

麥大維教授是金庸在劍橋大學攻讀博士學位的老師，年齡比金庸年少十五歲。

麥大維用「金庸先生」稱呼這個老學生，認為他「非常可靠，謙遜而有學問。我能成為金庸先生的指導老師非常榮幸」。

金庸非常尊敬這位比他年輕許多的老師，說他「非常愛護學生，樂於助人且謙和，遇到這樣的老師是我一生運氣很好的事」。

（一）

麥大維年輕時長得很帥，是現代人經常掛在嘴邊的那種「高富帥」，如今頭上呈現的「地中海」狀況，依然是他的學生們喜歡的這一款，金庸說了，英國的「萬人迷」威廉王子不也這樣嗎，頭上智慧的光環定能蓋過這個瑕疵。

麥大維是英國代表性的中國古代史專家，一九八八年以劍橋博士身份出版的《唐代的國家與知識人》很有名。一九五七年，他和早他九分鐘出生的雙胞胎哥哥一起參加英國空軍，奉派到香港，住了二十四個月，打下中文基礎。那時，麥大維以讀報看電影學習中文，金庸寫的《射鵰英雄傳》連載於《香港商報》，《雪山飛狐》連載於《新晚報》，麥大維便是這兩份報紙的熱心讀者。金庸與人合作導演的電影《有女懷春》和《王老虎搶親》上映，他是第一批觀眾。金庸的《明報》創刊後不久，麥大維兄弟倆都進入劍橋大學，哥哥攻讀日本史，而麥大維攻讀中國史。為了繼續閱讀《神鵰俠侶》的連載，他讓香港的朋友每月三次郵寄報紙到劍橋大學。

在劍橋大學，麥大維的老師杜希德是著名的唐史研究專家，長期出任中國史講座教授。他在劍橋培養了兩個傑出的學生，一是杜德橋，一是麥大維。兩人後來都在唐代文史研究上有出色的表現。杜德橋後來轉任牛津的漢學講座，這個劍橋的中國史講座便由麥大維擔任，可謂師徒相傳。從一九六八年到二〇〇六年的三十八年間，麥大維任劍橋大學聖約翰學院特別研究員，潛心研究中國史。他師承漢學家浦立本、崔瑞德，以中國隋唐史研究聞名，如今是歐美最被認可的中古史研究的權威專家。

二十世紀八十年代，香港《大公報》副總編輯曹驥雲找了金庸，讓他替兒子曹捷（陶傑）購買一本與中國歷史、法律相關的英文工具書，在英國長大的曹捷當時在英國倫敦大學修讀國際關係，父親要他補上中國文化這一課。幾日後，金庸送上一部《中國文獻工具書》，是麥大維一九七五年的著作，介紹中國文史叢書類書辭書的用法，因為它是用英文寫作的，所以對於西方漢學人士入門很有實用價值。後來，金庸在劍橋大學圖書館裡找過這本書，卻沒有找到。麥大維說，年輕時的作品，談不上學術性，他並不看重這本書。

麥大維十分看重中國的史學文化，他對金庸說過，文化是無國界的，不同國家、不同種族的人們都可以了解異後本民族的文化，正如中國人可以理解莎士比亞的戲劇、小說，西方人可以了解中國的《道德經》、日本的《源氏物語》一樣。他認為視角轉換和新史料發掘在史學研究中有重要意義。他強調利用唐代墓誌銘考證以往唐書記載真偽的重大意義。作為重要的史料來源，墓誌銘為唐代歷史研究提供了許多重要而有價值的歷史信息。他自己也在這方面有了精心研究的成果，撰有《唐代的國家與學術》等書。以武則天當政時期的宰相狄仁傑為袁公瑜撰的墓誌為例，麥大維廣泛收集、對勘其他各種類型的史籍，重新考察了狄仁傑在世時的政治立場和政治作為，並指出此與後世評價之間相異甚至相反的地方，從而也分析了後世歷史記錄中流傳的狄仁傑形象和評價話語的形成原因。金庸稱：「在文本細讀和史料辨證方面，麥大維教授顯示了不俗的能力。」

二十世紀九十年代，麥大維多次到香港講學，對金庸只聞其名，並不相識。

麥大維成為金庸的老師，有一個牽線人叫王秋桂，是麥大維在英國劍橋大學讀博時的同門師弟，現是我國台灣東吳大學教授。一九九八年十一月，金庸正在台灣訪問。由漢學研究中心和遠流出版公司在台北舉辦「金庸小說國際學術研討會」，來自美、英、澳、以色列及兩岸三地的二百多位學者，聚集一堂，共同研討金庸小說在華人世界中無遠弗屆的魅力。作為漢學研究中心的顧問，王秋桂不僅結識了金庸，還將會上交流的二十六篇研究論文收錄在他主編的《金庸小說國際學術研討會論文集》中。《論文集》於一九九九年十二月由遠流出版公司正式出版時，隨書附有兩張紀念光碟「現場答辯實況有聲書」和「金庸一九九八訪台旋風」，讀者可身臨其境，一睹金庸訪台時的「射鵰英雄宴」、「夜探金庸茶館」等盛況。金庸看到《論文集》，只說了兩個字：「特棒！」

二〇〇三年秋，金庸邀王秋桂同赴長沙衡陽參加「五嶽聯盟大會」，閑聊中說起自己欲赴英國劍橋大學讀博的願望，王秋桂將師兄麥大維教授推薦給他。

（二）

麥大維與金庸都與北京大學有緣。

時任劍橋大學東亞系主任的麥大維教授，曾於二〇〇一年訪問北京大學，在歷史系作演講。

後來，他的演講稿刊登在英國的一份學術刊物上，影響很大。二〇〇五年春，北大獲悉麥大維教授即將退休，便聘請他做客座教授，常來北大講學，麥大維欣然接受了聘任。

差不多同期，金庸被授予北京大學名譽教授，多次向歷史系學生作中國歷史的講座。新世紀初，一個規模宏大的「金庸小說同際研討會」在北大舉行。這座中國的最高學府將兩位大師級的學者拉到了一起，可是，麥大維與金庸從沒有見過面。

過不多久，已經八十一歲的金庸，從劍橋大學名譽校長菲利普親王（英女王伊麗莎白的夫君）的手中接過了「榮譽博士」的證書。此前，劍橋大學校長理查德女士閱讀了《鹿鼎記》英譯本，她對金庸小說讚嘆不已，親自向學校的榮譽博士提名委員會推薦了金庸。然而。金庸對此學位並不滿足，他向劍橋大學提出了一個願望：正式入學劍橋，用四年的時間攻讀碩士和博士學位。

金庸返回香港，等待劍橋正式通知。誰來做這位大師級學生的指導老師呢？金庸寫的武俠小說將歷史事件、人物信手拈來，處處可見史識，在中外學界名頭之響，劍橋教授也有所聞，紛紛推說不敢當。「他們很多都是我的朋友，說大家討論可以，但『指導』則不行了。後來找到現在的導師 Prof. David McMullen。他是唐史專家，不認識我，終於答應了。」

後來，麥大維問他：「你已經得到了學位，為什麼又打算在同一所大學讀博士呢？」金庸笑答：「抗戰時期，我讀了兩個大學也沒畢業，後來浙江大學找我去當院長，我自覺沒有什麼資格，常覺得學歷不夠。有人說我學問不好，不夠做院長。別人指責我，我不能反駁，唯一的辦法就是增加自己的學問。我一直仰慕劍橋大學，雖然申請的過程很困難，但我一定要憑自己的能力，讀一年碩士，再攻讀博士。」一九九九年三月，金庸正式受聘浙江大學人文學院院長，儘管金庸非常受學生的歡迎，但有媒體披露，金庸正式向浙江大學提出，辭去擔任了五年之久的人文學院院長的職務，同時還辭去在浙江大學的教授職位。此番對話，麥大維明白了，金庸從浙江大學文學院的位置上退下是為了去劍橋讀博。

二〇〇五年十月一日，金庸偕同夫人飛往英國，開始了留學生的生活。

金庸初到劍橋便引起騷動，麥大維回憶，劍橋為歡迎金庸舉辦的「花園派對」上，擠滿了華人學生。他說，金庸的「同班同學」有八位，來自中國大陸、中國台灣、新加坡、韓國等，大家相處和諧，並沒有把金庸當「明星」看待。

曾說最大心願是「做個歷史學者」的金庸，如今心願得償，他收起年少的狂傲，規規矩矩地聽報告、做學問，拒絕媒體到劍橋採訪，也不在圖書館、課堂上為粉絲簽名，因為此刻他是「學生查良鏞」。

麥大維與金庸，這師生關係有些另類。麥大維用「金庸先生」稱呼這個老學生，認為他「可靠、謙虛，很少遲到早退，是個好學生，金庸很喜歡跟劍橋的學生接觸」。在老師眼裡，金大俠彷彿從楊過搖身變成了郭靖。

金庸的同學經常會在上課時提問，麥大維就會停下講課對全班同學說：「這個問題，請查先生來給你們講解，他可以當你們的半個老師。」

麥大維記得，一次聖約翰學院的學生為金庸搞了個派對，有些來參與的華裔學生，特地裝扮成金庸小說的角色，郭靖、黃蓉、楊過、小龍女一同出場，向眼前的武俠小說大師表示敬意。麥大維說，平日在聖約翰學院的飯堂裡，金庸會和一般大學生一同吃飯，為人親切友善，並樂意與來自世界各地的華人、研習漢學的外國人，分享心得。

剛上完麥大維教授的讀書課，碩士班的同學共五人，讀的是拓本的《李邕墓誌銘》，銘文頭兩句是：「物寒獨勝，高不必全。」麥教授讓大家討論，金庸舉了毛澤東愛寫的兩句話「木秀於林，風必摧之；堆出於岸，流必湍之」為例解釋，這是中國人傳統的處世哲學，俗語所謂「人怕出名猪怕壯」「槍打出頭鳥」，教人以養晦為上。

金庸看導師麥大維頗有幾分《笑傲江湖》中莫大先生的味道：「拘謹中有些莫測高深，不過，莫大喝了酒還會放縱一下，而酒量奇佳的麥大維教授就算三杯黃湯下肚，依然正襟危坐，保持英國紳士的禮貌。」麥大維經常踩着自行車，到金庸的劍橋家中授課。有時，金庸好幾次插嘴打斷老師的話頭，麥大維不以為忤，總是微笑着傾聽學生談笑風生。「其實，金庸也是我的老師。」麥大維與金庸亦師亦友，對自己能夠擔任金庸的指導老師深感驕傲。

看到金庸愛讀書，麥大維介紹說，漢學藏書重鎮當然是東亞科學史圖書館，藏書很豐富，比如中國古代宗教史方面的圖書就很齊備。金庸一去就喜歡上了，這裡的閱讀環境極佳，圖書館館長莫弗特以前曾在北大中文系留學，中文相當好，人也很熱心。

金庸選定的碩士論文題為《從玄武門看早唐皇位繼承》，唐太宗與「玄武門之變」是焦點。金庸根據大陸最新發現的考古資料，發現當時太子建成的東宮與唐高祖的宮殿之間有一條更近的通道，與歷史記載中的彎道遠路不符，因此，他推測玄武門之變的「正史」可能是史官替唐太宗掩飾弒兄罪名所杜撰。與麥大維一談起這個歷史推理，金庸便眉飛色舞。

從以乾隆身世之謎為背景的《書劍恩仇錄》開始，金庸在武俠小說融入大量歷史背景，甚至在《碧血劍》中加入《袁崇煥評傳》的歷史論文，讓歷史人物與虛構小說參差對照。這會兒，他又以考古發現推敲出「玄武門之變」可能是史官偽造的，連身為唐史權威的麥大維，也忍不住讚嘆金庸開啟了他「對歷史的想像」。他開玩笑地對金庸說：「將來你會不會寫出一本精彩的歷史推理小說來呀？」師生兩人最欣賞的中國皇帝是女皇帝武則天。

二○○七年一月底，麥大維赴台灣作三個月的學術訪問。他於一九六三年來台學習中文，在台北住了十個月。麥大維前腳剛到，金庸隨後趕來了。過去金庸來台，多是為了新書與讀者見面，此次目的卻是為了「探訪老師」。訪台期間，金庸陪着麥大維欣賞台北國際書展，舉辦麥大維簽書會，參觀台北故宮「北宋大觀特展」、「大英博物館收藏展」，以及於台灣博物館展出的「俄羅斯文學三巨人特展」。

那天，麥大維向媒體透露，金庸完成了長達兩萬八千字的論文，並以「高於平均」的分數通過了口試，五月份將取得劍橋大學歷史碩士學位。

金庸的表哥徐志摩當年一篇《再別康橋》，讓劍橋大學聞名華人世界。徐志摩的表弟金庸現在也寫了個對子：「詩聲書聲繾綣書院道；槳音歌音纏綿嘆息橋。」麥大維找人將書法作成碑刻，要放在聖約翰學院河畔，「嘆息橋」是聖約翰學院出名的橋。

二○○七年五月中旬，金庸親赴劍橋大學領取學位證書，並表示要讀完博士課程。

（三）

麥大維教授原本在二〇〇六年六月正式退休，為了當好金庸的指導老師，他已經將退休日期推遲了，金庸繼續攻讀為期兩年的博士學位，他的退休日子還得往後延。金庸有點歉意。麥大維說：「我的兩個女兒正在上大學，家庭有比較大的經濟負擔，晚幾年退休也好，多掙點薪水養家。」其實，麥大維不缺錢，這話是安慰金庸的。

有一次，金庸接受媒體採訪時說：「像我這麼大年紀，又在浙大當院長，現在再來讀書，可能中國歷史上從來沒有過。也許能樹個典範，鼓勵現在的年輕人學到老。」麥大維告訴金庸：「你並不是劍橋最年長的博士生，因為不少外國人退休後都回到校園，活到老學到老。劍橋最老的博士生是一位九十一歲的英國退伍軍人。」

二〇〇八年九月中旬，金庸書院在金庸的家鄉奠基，許多國際學者相聚評論金庸最新修訂的武俠小說，金庸以東道主的身份回鄉。王秋桂特意從台灣趕來見金庸，受麥大維之托來給金庸佈置博士作業。儘管他比金庸小了十八歲，金庸仍以師叔視之，謙遜恭敬有加，充分體現了中華民族尊師重教的優良傳統。

金庸的碩士論文《初唐皇位繼承制度》，英文版經過金庸與麥大維的修訂後，二〇〇八年十一月發表於英國的一份學術學報上。至於中文版，金庸希望重新寫過，不再拘泥於碩士論文格式，而是「有學術研究基礎」的歷史作品，形式與字數都未定。

劍橋大學取錄金庸的條件是：博士論文一定要有創見。

經過麥大維與金庸的反覆討論，金庸的博士論文研究的還是唐代盛世時期東宮太子繼承皇位的制度問題。由開國的唐高祖說到唐玄宗，不單生動刻畫了古代太子的禮節、職責、繼位儀式及東宮的影響力，更透過整合正史、野史，分析太子繼位牽涉的宮廷政治及權力鬥爭。麥大維同意了這個研究方向：「你這個意見蠻好的，可以寫，盡量找點歷史根據。」

金庸思考說：「從唐太宗開始，到宋元明清，都是所謂『槍桿裡出政權』，哪個人兵權在手，就是哪個人做皇帝。」金庸認為：「我的基本論點是中國的皇位從來不講傳統或憲法，憲法是講皇帝的皇位應該傳給嫡長子的，實際上是哪個有兵權，哪個會打仗，就傳給哪個。古代中國是不講憲法，講兵權，外國也講兵權，但是外國做得表面上漂亮一點。」

「沒有學者對此作過如此深入的研究。」麥大維對金庸透徹分析唐代政治權術，深感佩服。

金庸和其他博士生一樣，撰寫論文的過程中會拿着草稿跟麥大維多次討論修訂：「當金庸住在劍橋時，我會去他家傾談論文，他的妻子會幫忙將修訂部分打字記錄。」麥大維說，他在金庸的論文中更深入了解唐代的政治文化，「金庸有見地解構唐宮政治，對我的研究有很大啟發」。

麥大維憶述，金庸在劍橋時和普通學生一樣，每周參加讀書會：「有次我們討論到一個中國古墓穴的題辭，來自北京大學及歐洲的學者都不明白，金庸就向我們解釋內容，他的古文修養真是一流。」

二〇一〇年九月初，金庸以八十六歲高齡順利完成博士論文《唐代盛世繼承皇位制度》的答辯。九月十日，劍橋大學校長和麥大維前往香港，為金庸頒發博士學位。據台灣《蘋果日報》援引劍橋校長本人的發言稱，這是歷史上劍橋校長首次去海外頒發學位。當時，金庸意欲執弟子古禮下跪，在現場觀眾的勸說下，他才作罷，但還是向導師麥大維深深地鞠躬致謝！

在劍橋大學，除了克萊爾學院的孔子像、國王學院的徐志摩《再別康橋》刻字石以外，二〇一二年七月，作為「花園委員會」主席的麥大維積極促成了金庸的題字石永久矗立在聖約翰學院的後花園。金庸的題字是：「花香書香縫綣學院道，槳聲歌聲婉轉嘆息橋」，這成為中華文化在海外的又一標誌性元素。

二〇一三年十二月十二日晚，在英國劍橋大學聖約翰學院第十二屆燭光故事會上，既有《奧菲歐與優麗狄茜》這樣的古希臘神話，也有英國作家班森《另一張床》這樣的現代作品。值得一提的是，在著名漢學家、金庸的導師麥大維教授的竭力推薦下，中國清代短篇小說集《聊齋誌異》第一次登上了這個舞台。

這個故事摘自《聊齋誌異》第十卷《三生》中的第一段，講述了一位落第秀才的冤魂與考官之間的有趣糾葛，以及落榜群鬼的惡搞式復仇。其中，充滿幽默感的對白和生動的場景描寫、兩位考官之間費盡心機的相互推　、成千上萬落榜考生冤魂的群情激奮等都是重要的潛在笑點。麥大維和金庸參與了話本的修改。

和「小查」共推「雙查方案」
——和平紳士查濟民

查濟民與金庸同屬一個祖宗，出生在浙江海寧的龍山腳下。雖然查濟民比金庸年長十歲，論輩份，查濟民是金庸的祖父輩。不過，兩人見面時常以「查老」、「小查」互稱，親情之中更多的是異地相逢的鄉情和友誼。

於是，他倆同繪香港前景，著名的「雙查方案」是他們志同道合的重要標誌。為了香港和平回歸祖國，為了穩定社會政局，他倆一唱一和，被譽為「香港回歸兩功勳」。

（一）

查濟民出生時家道中落，父親為鄉中秀才，一家九口，僅靠薄田數畝及養蠶繅絲為生。他在鄉間小學畢業後，本以優異成績考上杭州大學（即現浙江大學）附中，唯無力負擔學費，改入杭州高等工專學藝，十八歲進入上海達豐染廠就業，十九歲轉入常州大成紡織廠任染部技師，追隨著名民族工業家劉國鈞創業。

查濟民的先祖查慎行是清初最有成就的詩人之一。一九三三年，查濟民從上海被劉國鈞聘任到常州大成二廠當技師，下班後他天天都在寢室裡讀書。有一次，一位朋友去探視他，他正在埋頭讀納蘭性德的《飲水詞》，只見他吟聲朗朗，興致盎然，心不旁騖，竟然到了不知有人入室的境地。①

精明能幹的查濟民很快得到劉國鈞的賞識，着力培養他成為印染方面的專家。一九三六年，劉國鈞派查濟民赴日本最先進的京都染織廠實習一年。查濟民刻苦鑽研技術，誓要奪回被洋布佔領的市場。他沒有辜負重托，終於成長為一名技術全面、經驗豐富的一流印染專家。學成回國後，查濟民把全部才學用於工作實踐，解決了一個又一個漂染環節的關鍵難題，使得大成紡織染公司在短時期內資產擴大了八倍，在全國引起轟動。

劉國鈞認定查濟民品行端正、好學多思、技術精湛、富有領導和決策才能，堪稱難得之人才，決定把長女劉璧如許配給他。一九三六年十二月，查濟民與與劉國鈞的長女劉璧如成婚。

然而，就在翁婿倆摩拳擦掌準備大展宏圖的時候，蓄謀已久的日本侵略者一手製造「七七事變」發動了侵華戰爭，對江南古城常州進行了輪番轟炸。危急中，查濟民押運一百台織布機往大後方

① 高進勇《鉅賈詩人查濟民》，《常州日報》，二〇〇七年四月十五日。

撤退，攜眷同行，歷經險阻，終抵重慶。

一九三九年二月，翁婿倆在重慶北碚重建起大明染織公司。因劉國鈞忙於發展新的事業，便將經理職務交由查濟民擔任。精明能幹的查濟民當時只有二十來歲，劉國鈞昵稱他為「娃娃經理」。「娃娃經理」不負眾望，冒着多次被敵機轟炸的危險，克服困難，恢復生產，終使「大明」迅速發展成為大後方紡織染齊全的著名企業。

一九四七年，查濟民舉家赴香港定居，在荃灣開辦中國染廠。六十年代初，香港貿易發展局組團前往西非考察，查濟民同行，目睹彼邦土地廣闊、原料豐富、工資低廉，且無配額困擾，遂決定在尼日利亞開設紡織廠。後來，業務擴大至加納、剛果等國。那時，西非諸國經濟十分落後，生產和生活條件極其困難，查氏伉儷繼八年抗戰之後，再一次攜手創業，備嘗艱辛。三十年後，查氏紡織成為西非最大的外資企業。

一九八〇年四月的一天，查濟民偕夫人劉璧如回到了闊別三十多年的故土，到浙江海寧袁花祭掃祖墓。故園的一草一木無不引起他童年許多往事的回憶。為了回報這一片養育並賦予他才智的土地，查濟民從一九八五年開始在家鄉投資興辦企業，從最早的海寧海新紡織有限公司，到一九九五年投資一千四百三十萬美元創辦的海寧紡織綜合企業有限公司，以及二〇〇〇年與二

○○五年分別投資四千四百多萬美元和二千六百多萬美元的海寧新高纖維有限公司和海寧新能紡織有限公司等，充分表達了查濟民情牽桑梓的赤子之心。查濟民率先在中國的內地投資辦廠，帶動了港人對內地的投資熱潮。他高瞻遠矚地洞察到，香港企業只有加強和內地的合作才會有廣闊的發展天地。從一九九三年起，查氏企業相繼在廣東中山、浙江杭州、江蘇常州、重慶、上海等地合資辦企業，不僅為他的老牌「紡織王國」增添了新的動力，而且促進了當地傳統紡織業走向現代化。

和同時代的一批商賈巨子一樣，查濟民從戰火中赤腳走來，以直覺行商，以情義交人，更難能可貴的是他崇尚文字，看重教育。晚年時更是看淡貧富，古道熱腸，投身於社會事業不遺餘力。

一九九四年初，查濟民及家族捐出二千萬美元在香港創立了「求是科技基金會」，獎助在科技領域有成就的中國學者。基金會還邀請到陳省身、楊振寧等五位國際知名資深教授為顧問，同年在北京釣魚台賓館舉行了第一次求是傑出科學獎頒獎會。金庸應邀頒獎。二○○三年九月十六日，「求是科技基金」再次頒獎，向「中國航天六傑」共獎勵二百萬元。這是全國最早對「神舟」科研人員作出的實質性獎勵。至今，共有一千多人獲得基金會的獎助，其中包括兩彈一星功臣、神舟飛船設計專家、人工合成胰島素、中國基因圖譜以及一批優秀的中青年科技工作者和研究生。

一九九七年九月一日，正在浙江大學講學的金庸獲悉查濟民伉儷和楊振寧教授當天前往海寧觀潮，立即從杭州趕回海寧，跟查濟民在家鄉小聚。

（二）

查濟民的愛國情懷，突出地表現於他和金庸一樣衷心擁護香港回歸祖國。

那是在一九七九年，設在新加坡的一家蘇聯銀行，因為債權關係，行將獲得一位菲律賓商人在香港大嶼山愉景灣買下準備養牛的一大片荒地。當時的《大公報》社長費彝民將此消息透露給金庸，金庸告訴了查濟民，查濟民與夫人劉璧如商量後，當機立斷地拿出三千萬港元還給這家外資銀行，從而保留了這方寶地，為香港的順利回歸和平穩過渡做出了歷史性的貢獻。事後，他深感欣慰地說：「辦好了這件事，總算對得起周總理了！」①目前，愉景灣經過查氏家族二十年的精心開發，一個現代化、設施齊全美觀的大型高尚住宅區代替了昔日死寂的海灣。

一九八二年九月，鄧小平會見訪華的英國首相撒切爾夫人，提出收回香港問題。查濟民關注這一重大歷史事件的進程。他在與友人、民族實業家盧作孚見面或通信時，不斷商討如何保障香

① 盧曉蓉《情深義厚天有知》，《中華工商時報》，二〇〇六年三月二十四日。

港前途和順利實現回歸的問題，談到回歸以後，工會組織的活動最好能與企業的經營管理互相配合、協調發展；談到駐港的陸海軍規模不必太大，在象徵國家主權的同時，也盡量減輕香港納稅人的負擔等。後來，他將這些深思熟慮的看法和其他香港友人的建議綜合起來，給有關方面寫了一份報告，委托盧作孚連同他們往來的信件一起交給了中央統戰部。查濟民這些具有真知灼見的建議和主張，受到有關部門的高度重視。鄧小平於一九八二年初接見查濟民之後，又於一九八五年中再次接見了他，他當之無愧地成為香港基本法起草委員會委員。

正值此間，剛剛到任的英國末代港督彭定康，迫不及待地推出了所謂的「政治改革」，妄圖推翻《基本法》，擾亂香港的平穩過渡。針對彭定康的「攪局」，金庸馬上在《明報》上以《功能選舉的突變》等一系列政論文章予以回擊，鄭重呼籲：「中國人是有脊樑的！」此時，查濟民在接受記者採訪時嚴厲指出，彭定康在英國選舉失敗任香港總督後，唆使一些「唯恐天下不亂」的人鬧事，叫喊什麼「大民主」，「用錢物購買香港」等謬論。兩查一唱一和，澄清了社會上的一些胡言亂語，明辨了是非，促使香港市民擁護「基本法」。

針對爭論不休、難以定奪的政制方案，一九八八年十一月，查濟民和金庸適時提出了一個協調方案即「雙查方案」，供《基本法》草委會及諮委討論。方案建議立法會分三屆發展到半數直選；

而第二任及第三位行政長官由八百人組成的選委選出，這正是一九九七年後特區政制發展的安排，自然獲得大多數港人的贊同，而被《基本法》草委會吸納。①

查濟民晚年愛作詩，他的處女詩作是《贈廖暉・中英簽約歸還香港觀禮有感》，發表在一九八四年秋的《人民日報》上，詩云：「依然簽約此城市，今日風光迥不同。英烈壯懷三世志，滿襟涕淚憶尊翁。」這是他以真摯的情感回憶與廖承志同志的親密關係，抒發了詩人滿懷的思念之情。

一九九七年七月一日，香港當天出版的各大報紙都用套紅的版面透露着喜氣，但同時，一些報紙字裡行間也顯露出微妙複雜的情緒——對即將要到來的新紀元、新生活懷着期待，同時也有不少忐忑，甚至惶恐。金庸雖然已經離開《明報》多年，但他依然為回歸第一日即七月一日出版的《明報》撰寫了一篇評論《河水井水互不相犯》，以他的敏銳觀察和睿智提醒並勸諭港人：香港回歸，「一國兩制」，中央不以內地的方式強加於香港，而香港一些人也不應該以自己的價值觀強加於內地。

那一天，從六月三十日午夜到七月一日清晨，在中英兩國香港主權交接儀式舉行的那一刻，查濟民坐在自己的家中，通過電視觀看那難忘的一刻。此前，他的《香草詩詞》三集應運而生，

① 司徒華《大江東去（回憶錄）》，英國牛津大學出版社，二〇一一，第二六五至二六七頁。

他感慨萬千，揮毫題字：「待到春風兩岸綠，直通談笑過羅湖。」

查濟民和金庸為香港順利回歸做出重大貢獻，香港特區政府授予他倆「大紫荊勳章」。

（三）

一九九九年，值查濟民八秩壽慶之際，他與夫人劉壁如在香港出版了《惠聯詩草》詩詞合集。在《賀壁如七秩壽辰》中，我們可以領悟到他與夫人劉壁如情深似海的感情：「實業名門女史才，初歸天下偏多災。故國戰亂奔千里，異域興家費剪裁。侍奉萱姑勤執禮，栽培子女盡成材。同甘共苦齊眉樂，耄慶兒孫繞膝來。」還有一首《偕壁如同游常州》，更是這對賢伉儷篤實感情的寫照：「白家橋畔立多時，渾戀滄桑不忘癡。六十年前舊游地，春風桃柳兩心知。」

寫於一九八八年的《借放翁句告兒孫》：「死去原知萬事空，但悲十億尚寒窮；期增品德樹威信，兼樹謙勤篤實風。曲巷千家齊奮發，華都百業皆圖鴻。神州經濟飛騰日，家祭毋忘告乃翁！」這首詩是查濟民憂國憂民內心的真實寫照，又寄托着詩人的殷切期望。他在《瑞士飛西非旅次》中吟道：「劍戟群峰耀雪濤，地中海接碧天高。翱翔大漠三千里，競業他鄉興也豪。」詩中飽含着詩人的濟世情懷和家國豪情。二〇〇三年秋，「神舟五號」載人飛船獲得成功，楊利偉成功升空的壯舉，圓了中國人幾千年的登天夢想，中華子孫紛紛以各種方式表達自己的喜悅之情。作為唯一獲邀前往北京總控制室觀看「神舟五號」升空發射全過程的港人、已是九十高齡的查濟民，更是激情滿懷地賦詩一首，並飽含熱淚揮筆寫下：「百歲鄉童淚漣漣，今日狂歡奔酒泉。落後貧窮掃將去，神舟直上九層天。」

當時，中央領導是準備安排查濟民去酒泉的，後來出於安全的考慮，人們勸他就在北京觀看。查濟民說：「這是一生就一次的事。收到邀請那一刻，心情很激動，就寫了這首詩。詩中寫『百歲』，借上十歲，當時的想法是，一百歲代表我這一代人，代表過去的一個世紀。」事後，這首詩作廣為傳誦。

二〇〇三年十二月十九日「中國紅樓在線論壇」上有「矮幽頁舫」的人發帖訪求《海寧查氏族譜》。在帖子中講述了台灣「紅學家」王以安根據他對於查氏家族的研究，指出《石頭記》作者是海寧查家的查開，他是查嗣庭的姪兒，查嗣瑮的三子，家難時才十二歲，是寶玉的原型。查開家的「二十五峰園」就是大觀園。因為在台灣找不到《海寧查氏族譜》，不能確切知道查開的卒年，所以無法印證自己的觀點。同樣，在「百度帖吧」中，也經常有人詢問，金庸和穆旦是怎樣的關係？

這些問題都可以從一部《海寧查氏族譜》中得到確證。但是，海寧查氏的最後一次修譜是在清宣統元年（一九〇九年）完成了刻本二十四冊，入譜家庭出現了斷層，而且國內僅有浙江圖書館以善本古書保存，一般人難以得見。

二〇〇五年四月一日，散居在嘉興、海寧等地的查姓家族代表共二十一人，乘一輛汽車前往江西婺源浙源鄉，探訪了海寧、婺源查氏後裔唯一的一座古祠。婺源查氏一世祖查文徵曾經隱居婺源城西查公山，宗祠為康熙三年（一六六四）始建，為祭祀始祖查文徵所築，當時題名為「孝義祠」，規模不大。一八九二年查氏後裔查允茲、查仲茲、查啟明等提議擴建查氏宗祠，並得到浙江海寧查氏遷支的資助，於一八九八年作較大規模的擴建。

探訪宗祠歸來後，有人向查濟民寫信提議，重修《海寧查氏族譜》。二〇〇九年四月，偶然的機緣下，在海寧市博物館工作的吳德健得到查濟民授意，邀集多名文史專家，幫助重修《海寧查氏族譜》。然而，起初金庸沒有點頭。查濟民幾次找他做說服工作，終於徵得了他的同意，很快填寫寄出了家庭人員登記表。二〇〇六年五月《海寧查氏家譜》完成，共五冊，總共一百二十萬字。目前國內各大圖書館均有收藏，而全部費用均由查濟民承擔。

二〇〇七年三月，九十三歲的查濟民在香港逝世，絢麗多彩的人生之路在畫了很大的一個圓圈之後又回到了起點。查濟民的棺木從千里之外的香港運抵故鄉海寧，在他的出生地袁花鎮新偉村安葬，長眠在他的父母身旁。這是他生前的選擇。

是「戰友」也是伙伴

——香港回歸新聞發言人張浚生

在香港，面對末代港督的「攪局」，善於跟他較量的有兩個人，一個是鬥嘴的張浚生，一個是筆戰的金庸。

張浚生在新華社香港分社工作十三年，與金庸交往很深。當年到港後，他第一個拜訪的香港人士就是金庸。

張浚生說：「我也是金庸迷，我家裡保存着一整套金庸的武俠小說，我每一部都讀過。」

一個念舊的人，自然講情義。當初，正是難拂老友張浚生的情面，金庸出任浙江大學人文學院院長兼博士生導師。後來，張浚生調離浙大，金庸也就請辭。

（一）

一九八五年七月，四十八歲的張浚生被派往香港。

一九八四年十二月十九日，中國總理和英國首相正式簽署了《中英關於香港問題的聯合聲明》，正式確認了中華人民共和國將在一九九七年七月一日對香港恢復行使主權。

中英聯合聲明簽署後，香港這一歷史遺留問題基本解決。「生逢其時」，張浚生成為聯合聲明草簽後首批被派遣去香港工作的人員。他告別妻兒，離開杭州，進駐香港跑馬地皇后大道東三百八十七號的新華社香港分社，先後擔任宣傳部副部長、部長。一九八七年起任香港分社副社長，以後還兼任分社新聞發言人。當年的新華社香港分社是回歸前中央政府派駐香港的代表機構，張浚生說：「我在香港的工作任務很明確，就是按『一國兩制』的方針，維護香港的繁榮穩定，使香港平穩過渡。有利於這任務完成的事就去做，該交往的就交往，沒有什麼顧慮。」

到港才幾天，張浚生去訪問金庸，秘書長兼宣傳部部長楊奇陪他去。①見來客是浙江同鄉，而且一到港就拜訪他，金庸特別高興。在會客室落座，金庸沒有泡茶，而是拿出幾隻寬口杯，倒了三小杯法國白蘭地，一人一杯。張浚生覺得奇怪，難道香港人都用白蘭地而不用茶水接待客人的嗎？

「這是法國產的，地道的白蘭地。」金庸說。

張浚生第一次喝白蘭地，喝了一口，他才知道，原來白蘭地是以水果為原料，經過發酵、蒸

① 有智、曙白、單泠《親歷：回歸與合併——張浚生訪談錄》，浙江大學出版社，二〇一一，第一八二頁。

餾而釀成的一種蒸餾酒。這一杯琥珀般的金黃色，晶瑩剔透，一入口頓覺口味甘洌，醇美無瑕，餘香縈繞不散。「美，真的很美！」張浚生連喝了幾口。

金庸說：「這是用葡萄釀的，才叫白蘭地，如果用蘋果釀的叫蘋果白蘭地，用櫻桃釀成的稱為櫻桃白蘭地。」張浚生掏出一封信，是離杭之前金庸的一位老同學托他轉交的。金庸看信，隨後三人一邊品酒，一邊閑聊，由同窗同學聊到各自的成長過程。張浚生說，他是客家人，生於福建長汀，高祖、曾祖都是清朝政府道台一級的官員，卻從祖父那代開始衰落，好在客家人有重視教育的傳統，因此祖父雖然艱苦，依然讓他父親讀了很多書。張浚生後來對書法及歷史、詩詞的興趣，得益於小時候的耳濡目染，經常聽父親講故事，讀書寫字，家裡也有一些古籍藏書。

金庸插話：「我跟你的家庭差不多，從小也喜歡呆在父親的書房裡，因為可以讀很多的書。」

小時候上學就參加各種比賽的張浚生，總是能拿獎，獎狀貼得滿牆。中學時擔任過校學生會副主席，團支部書記，團總支委員。高中畢業，他寫了一首詩明志：「平生立志為國酬，紅透專深是所求，為民即為螢火閃，如此青春也風流。」大學畢業後一直在教書，他的理想就是當好一名教師。教書育人之外，也希望在學術上有所成就。一九六〇年，他和老教授一起創辦浙大物理光學儀器專業，至今上海圖書館還存有由他編寫的中國第一本完整的光譜儀器學講義，七十年代又主持創辦了浙大激光技術專業。

一九八一年，浙江省突然決定要張浚生到中央黨校學習，參加中青年幹部培訓班第二期。這一期是時任黨校校長的胡耀邦專門為培訓年輕幹部舉辦的，一百四十名學員是從全國各地選拔的尖子。從中央黨校回浙不久，張浚生調任杭州市委副書記，負責黨務等工作。中英聯合聲明簽署後，張浚生「欣逢其盛」，成為首批被派遣到香港工作的官員。

剛到香港，張浚生的工作還不那麼緊張，晚上時間大多是看小說：「一有空就到閱覽室裡去借金庸的小說，一本一本地看下來，越看越有興趣。那段時間，我就把金庸的小說幾乎全都看遍了。」①

自小就喜歡武俠小說的張浚生，自稱中國古代的武俠小說看過相當多，但金庸的武俠小說卻最令他稱道。他說：「查先生的作品成就非凡，開創了一代武俠小說新風，其包含的知識之深廣是前所未有的，他的作品是導人向上、向善的。」在杭州時，金庸的小說在書店裡還買不到，他看的第一本金庸小說《笑傲江湖》還是從杭州市委的閱覽室裡借來的。

張浚生發覺，金庸的武俠小說與一般的武俠小說不同。金庸的武俠小說，是將民族文學特色與西方文學精華、古典文學傳統和當代文學趨向結合起來的一個成功範例。金庸的武俠小說情節

① 有智、曙白、單泠《親歷：回歸與合併——張浚生訪談錄》，浙江大學出版社，二〇一一，第一八四頁。

曲折、變幻無窮；描寫生動、惟妙惟肖，具有極大的藝術魅力，征服了無數讀者。金庸的作品不同於一般武俠小說的地方，還在於它們有學問，有思想，包含了異常豐富的中國歷史文化知識，融會着金庸對情感與道德、愛情與兩性關係、民族的衝突與融合、專制政治與個人崇拜等社會、歷史、人生重大問題的深入思考，對當代讀者具有深遠的啟迪意義。

第一次拜訪以後，張浚生和金庸的往來就一直沒有中斷過，金庸請他吃飯，他也請金庸吃飯，這些飯局有時候是私人請，有時候則是以新華分社的名義請，因為金庸在香港很有影響，又是基本法起草委員會委員。那時候，金庸與新華分社社長許家屯來往也挺多，一般許家屯請他吃飯時張浚生也參加。在飯局上，張浚生常常與金庸談論「香港回歸」問題。

從二十世紀七十年代開始，金庸成為政治圈中的重要人物。他曾應邀加入廉署社區關係處市民諮詢委員會，因而與首任廉政專員姬達接觸頻繁。姬達向當時的港督麥理浩引薦金庸，就中國問題提供意見。一九八一年，英女皇授予他 OBE 勳銜。

一九八一年七月十八日，鄧小平在人民大會堂接見了金庸。談及「香港回歸」時，金庸說：「我這一生如能親眼看見一個統一的中國政府，實在是畢生最大的願望。」金庸訪問內地回香港後，日夜趕寫有關「祖國統一大業」的文章在《明報》、《明報周刊》、《明報月刊》及新加坡《新明日報》發表，引導香港市民和海外僑民關心香港回歸大事。金庸在文章中談論未來香港管理的「自由加法治」，合乎民意，以解除世界各國駐港機構辦事人員的思想顧慮，動員他們繼續留在香港發展國際貿易。

一九八二年九月，鄧小平會見訪華的英國首相撒切爾夫人，提出收回香港問題。撒切爾夫人回國途經香港時，經香港總督麥理浩的安排，單獨會晤了金庸四十五分鐘。金庸從《中英聯合聲明》談到恢復主權，實行「一國兩制，港人治港」，「保持繁榮，制度不變」十六字方針，使撒切爾夫人愉快回國。一九八五年七月，金庸參加香港特別行政區基本法起草委員會，任政制小組港方負責人。他深入各界調查綜合意見寫社評，在《明報》上大量報道，講清香港自古以來就是中國領土，闡述《中英聯合聲明》和十六字方針，從輿論上引導香港繁榮穩步和平過渡。

金庸告訴張浚生，當年他受邀參加中華人民共和國香港特別行政區基本法起草委員會時，「很躊躇」。那時他是香港《明報》有限公司董事會主席，全面負責報紙的行政和編輯工作，還要親自撰寫社評。「我參加了基本法起草，會不會有損《明報》的獨立報紙形象？」「後來我想，我現在的一切，雖有自己辛勤努力，但更多是香港這一環境所賜。目前香港面臨困難，她的前景是否光明順利，很大程度上與基本法如何制定有關。我熟悉香港，這裡有我的親人、朋友和那麼多的讀者，他們的苦樂憂喜我不能不關心。」

張浚生這樣評價金庸：「一個人的一生，如果能夠在新聞、文學、社會活動等任何一個領域，獲得金庸先生那樣的成就，就可以無愧此生。而金庸先生則在這三個領域都取得了令世人矚目的成就，他不愧是文化奇才、一代俊傑。」①

金庸認為張浚生機智而豁達，可以成為一個真正的好朋友。他在一九九一年致信中說：「你我相交多年，時復結伴同遊，情好彌篤。平日交談，於天下大事，國家政局，以及文藝書法，港事發展，事事投機，可云知己。」他讓張浚生與他以兄弟相稱。

（二）

張浚生在香港，可以說與金庸風雨同舟十三年，共同的目標就是香港平穩過渡，一國兩制在香港成功實施。

中英聯合聲明生效後，開始的一段時間，中英之間的關係是比較好的，總的來說是合作多於對抗，當時國際上評論說，中英關係進入了蜜月期。但是，在香港過渡期後半段，中英之間暗礁

① 張勤：《〈金庸圖錄〉在香港首發 首度公開個人資料》，中新社香港二〇〇九年四月六日電。

頻現，風波不斷，港英政府除了拋出「三違背」（違背中英聯合聲明、違背政改與基本法銜接、違背中英已達成的諒解）的政改方案外，還製造了「居英權方案」、「玫瑰園計劃」等多個爭鋒焦點。

一九九二年，四十八歲的彭定康被派往香港擔任總督。七月九日，彭定康抵港上任。稍後，香港傳媒便披露了源自官方的消息說，新任總督有意改變香港現行政制，使行政局與立法局分家。九月十八日，英國《金融時報》透露了英方將對香港現行政制進行重大調整的消息。末代港督彭定康多生事端，使原本能平穩過渡的香港陡生波折。張浚生和金庸不約而同地認為，彭定康是英國政府派駐香港的「攪局者」。

十月七日，彭定康在香港立法局一九九二至一九九三年度會期首次會議上花了兩個多小時發表其施政報告，將政改方案和盤托出，妄圖推翻《基本法》，這給香港的平穩過渡及回歸後的順利發展造成極大麻煩。在此情形下，作為新華社香港分社的新聞發言人，張浚生肩上的擔子越來越重。

張浚生說：「當時，根據鄧小平的指示，我們在前線和英方鬥爭，鬥爭的目的還是爭取合作，為保持香港的平穩過渡。」針對彭定康的「攪局」，張浚生代表中方進行了有理有利有節的反擊。

彭定康上午講，張浚生針鋒相對下午講，彭定康下午講，張浚生就晚上接着講。甚至有的比較緊張的情況下，彭定康前半個鐘頭講，後半個鐘頭張浚生講，兩人針尖對麥芒，針鋒相對。有一次彭定康通過一官員傳話，希望「張先生少說我兩句」。張浚生也請他轉告彭定康：「如果你講得對的，我們當然支持你了，但是你根本是違反了聯合聲明，違反了基本法的有關規定，影響平穩過渡，我當然不能答應，所以，我的態度很明確，你不講，我也不講，你講了，我不能不講。」那個時候，攝像機的鏡頭在他面前不斷地搖晃，照相機的閃光燈頻頻打在他的身上，無數次在記者會上，代表中國政府在港形象的張浚生口若懸河，舉止儒雅，從未失態。二三十個記者擁在他的身邊，幾乎要壓到他身上，他仍然微笑着。香港民眾對此十分佩服，他的笑被金庸的《明報》等香港媒體稱為「招牌式的微笑」，稱他「縝密靈活，言多不失」。①

張浚生說：「彭定康就不講老實話，口口聲聲說的是香港利益，實際上滿腦子是過去老殖民主義者的思想，不知道世界上文化的多元性，堅持他自己的價值觀，極力貶抑東方的價值觀。他既固執，又對中國充滿偏見。」②

① 茅建興、陳惠《張浚生半生心路繫香江》，香港《文匯報》，二〇〇四年十月十八日。

② 有智、曙白、單泠《親歷：回歸與合併——張浚生訪談錄》，浙江大學出版社，二〇一一，第一四二頁。

一九九四年四月，張浚生提出在香港搞個回歸一千天倒計時活動。這個點子可算是個發明創造，張浚生曾說：「我提出搞倒計時，一是讓我們自己對回歸工作有緊迫感，二也是給彭定康施加壓力，你在香港的日子過一天少一天了，搞什麼花樣也沒用，其實就是跟他打心理戰。」

中英爭鋒，身處浪尖，張浚生用的是「鬥嘴」，而金庸用的是「筆戰」。一九九一年，金庸宣佈從明報退休，可是打算「淡出」的他卻忍不住在一九九二年再出山，只因為該年年底，新上任的港督彭定康拋出「政改方案」，引發中英新一輪政治風波，他忍不住又「重出江湖」筆戰彭定康。

一九九三年三月，彭定康不顧中方的警告，一意孤行，在香港《政府憲報》上公佈了他的「政改憲報」。緊接着，港英當局正式公佈根據彭定康的憲制方案制訂的一九九四／一九九五年選舉安排立法草案。金庸馬上在《明報》上以《功能選舉的突變》等一系列政論文章予以回擊，鄭重呼籲：「中國人是有脊樑的！」他在接受《經濟日報》記者採訪時嚴厲指出，彭定康在英國選舉失敗，任香港總督後，唆使一些「唯恐天下不亂」的人鬧事，叫喊什麼「大民主」，「用錢物購買香港」等謬論。

接着，金庸又出訪英國，在牛津大學講學，作了《香港和中國：一九九七年及其後五年》的講座，精闢分析了香港的形勢和前途，取得世人共識。隨後，金庸還到台灣會晤連戰、宋楚瑜等政要人物，談了自唐朝以來中華民族「有分又合，分而必合」的糾葛，談了民族的團結統一、人民的安寧富庶是每個中國人的願望。

一九九三年三月，張浚生陪同金庸到達北京。十九日下午，江澤民總書記在中南海會見金庸。提起金庸與彭定康較量的事，江澤民讚揚他是愛國愛港的「中國人脊樑」。在談到「一國兩制」時，金庸說：「大多數香港人希望中英恢復以前的和諧合作，解開目前的僵局進行談判。」金庸回香港時在高空上「打腹稿」，將他與江澤民的談話撰寫成《北國初春有所思》一文，在《明報月刊》上發表，呼籲各國駐香港機構人員遵循《基本法》，維護香港社會秩序，和香港人民一道迎接九七香港回歸。

「香港回歸中國，我很高興，但是也怕呀。怕財產被沒收，怕失去自由，也怕沒有新聞自由，當初寫那篇英文文章就是這樣的心態。」金庸對張浚生說。當時，為了表達對自由的堅持，金庸還專門為《明報》撰寫社評《香港無寶，自由即寶》。

寫完這篇評論，他剛從報社回來。「那晚，下的雨真大」，好像要把中華民族一百五十年的恥辱洗盡，金庸至今記憶猶新。那一刻，他已經不擔心一覺醒來，香港原有的生活會發生變化：「中英聯合聲明和香港基本法已經寫得很清楚，香港的生活方式、經濟制度不變，法律制度基本不變。」

零點那一刻，香港會議展覽中心大會堂內全場肅立，莊嚴的國歌聲，扣動每一個人的心弦。中國政府代表團成員、副秘書長張浚生站在主席台上，看着英國旗除除降落，五星紅旗帶領着紫荊花區旗冉冉升起，激動的淚花奪眶而出……

（三）

一九九八年，六十二歲的張浚生離開香港回到杭州，主持浙江四校合併（浙江大學、杭州大學、浙江農業大學、浙江醫科大學），出任新浙大黨委書記。不管工作多繁忙，張浚生每天都會閱讀香港報紙，關注香港的點點滴滴。

一九九九年三月，金庸出任浙江大學人文學院院長，在當時被譽為文壇大師與名校學府的天作之合，也是金庸在學界獲得的最高認可。

這樁姻緣的主要牽線人是張浚生：「首先是金庸先生有這個願望，我只是積極地促成了這件事。我回浙大工作以後，有一次看到一則報道，金庸先生在接受記者採訪的時候說他年紀大了，小說不寫了，很想有機會到北大或者是浙大去做學問。在這之前，浙大和杭大已經聘請他當名譽教授。

浙大四校合併邀請他來參加成立典禮，他也來了。所以，他和浙大是很有緣的。」①

出任院長以後，二〇〇〇年，金庸獲得了浙大博士生導師的資格，二〇〇一年開始招收歷史系古代史專業的隋唐史、中西交通史方向的博士生，後來又增加了中文系古典文學專業的「歷史和文學」方向，後者是他和在浙大做兼職教授的北大中文系教授陳平原合招的一個博士點。

從二〇〇一年開始，金庸連續兩年未招博士生，直到二〇〇三年秋季，才招到首批3名博士生，這在當時引起了「金庸當博導夠不夠資格」的爭議。

為這件事，浙江大學專門開了一次座談會，張浚生發言打出了幾個問號。

第一，小說家是不是文學家，金庸的武俠小說是不是文學？我們的「四大名著」，《三國演義》是七分歷史三分虛構；《西遊記》中西方取經是有其事，但小說內容全是神話；《水滸傳》說起來也是武俠小說，講行俠仗義，它的根據是《大宋宣和遺事》，並無真正史實；研究《紅樓夢》的人可以當教授，當博士，那麼寫《紅樓夢》的曹雪芹是不是文學家呢？寫武俠小說的金庸是不是文學家？

第二，僅新聞專業而言，金庸先生是不是一個優秀的新聞工作者？他因為武俠小說而出名，

① 有智、曙白、單泠《親歷：回歸與合併——張浚生訪談錄》，浙江大學出版社，二〇一一，第一八四至一八五頁。

蓋過了他在其他方面的成就，他辦報紙不僅經營得非常成功，而且寫了三十年的社評。在香港社評是一份報紙的靈魂，內行的人看一分報紙的水平就看社評寫得如何。一般報紙都要專門請一個人寫社評，稱這個人是報社的「總主筆」。這個「總主筆」要有非常廣博的知識和很高的學問。金庸先生自己經營報紙當社長，還自己寫社評寫了三十年，從新聞學這個角度看，他夠不夠一個大學教授？

第三，金庸先生最早提出來給袁崇煥翻案，他在歷史方面是不是專家？金庸的歷史知識非常豐富，他寫歷史的著作不多，只有一本《袁崇煥評傳》，認為袁崇煥是冤枉的，現在大家都接受了他的觀點。文章不在多，能有自己的觀念，深入研究，開創先河，就是一個專家。他的武俠小說，如果沒有豐富的歷史知識哪裡寫得出來？他寫大理、寫桃花島，事前都沒有去過，卻寫得逼真，寫得如同身臨其境，這完全是靠廣博的知識。

在二〇〇〇年評議金庸博導資格時，來自文史哲幾個方向的教授組成了評議小組，雖然沒有正式開會，但在口頭上都認為金庸獲評理所當然。

二〇〇二年五月，金庸來杭為博士生上課。張浚生特地來到雲松書舍拜訪金庸。那一晚，金庸夫婦和張浚生夫婦入住雲松書舍「松風明月樓」，金庸與好友下棋寫字，品茗暢談，第二日即離開。這是金庸唯一的一次入住書舍。

二〇〇四年七月，張浚生因年齡原因從浙大黨委書記任上退下來了。

二〇〇五年一月九日，金庸帶着夫人、張紀中一行，來到浙江大學參加「龍泉寶劍展」開幕儀式，並正式宣佈辭去人文學院院長和博士生導師職務。

一個念舊的人，自然講情義。當初，正是難拂老友張浚生的情面，金庸才出任浙大人文學院院長兼博士生導師。「我當時與浙大黨委書記張浚生達成了心照不宣的諒解：他何時離開浙大，我就什麼時候辭職，共進退吧！」鑑於張浚生已調離浙大，金庸此番請辭，完全是照計劃進行。

二〇一四年二月二十五日，張浚生和浙大現任校長林建華赴香港拜訪金庸。歸來後，張俊生講述了當天聚會的情景，「三月十日是金庸先生九十歲誕辰，我們給他帶去了一份禮物」。張浚生說的禮物，是份竹簡，上面印着浙江巡撫廖壽豐上奏光緒帝創辦求是學院（浙江大學前身）的奏折，上面有光緒皇帝准奏的朱批。

張浚生說，拿到竹簡後，金庸「一個字一個字地看，看得很認真。我們圍繞着一張桌子交談，他家的客廳乾淨雅緻，我們談話時，他的夫人一直陪伴在旁邊」。

最近幾年，金庸很少外出，張浚生每次去香港都會盡可能安排時間去看望他，「有時，金庸也會陪我們到酒店吃飯」。「他對家鄉的感情還是很深的，我經常給他帶點龍井茶，他很喜歡。」張浚生曾給金庸帶了印在絲綢上的《道德經》，「他愛不釋手。」「現在他還是人文學院的名譽院長，對浙大還是非常關心。」每次見到張浚生，金庸都會問起浙大的有關情況。「現在最讓他懊惱的是，他沒辦法出門旅行，但他心裡，還是很想回浙江來看看。」張浚生說。

偶爾，金庸也會跟倪匡、蔡瀾等朋友出去吃個飯。但大部分時間，還是朋友去家裡看他。「畢竟到了這個年紀，走路已經不太方便。」不過，讓張浚生感動的是，哪怕是讓人攙扶着，金庸依舊堅持送他們到家門口。①

二〇一四年三月，在金庸九十周歲的壽宴上，張浚生提出想在杭州為金庸出版一本書的想法，金庸爽快接受了這一邀請，並提出希望張浚生來把關文稿內容。張浚生於是扛大樑，成了這本書的主編，並親自挑選了三位得力寫手。這三人都很熟悉金庸在浙江、浙大的情況，他們保留了許多金庸在杭州、在浙江的珍貴影像資料。一位是應忠良，原浙江省海寧市的市長；一位是盧敦基，金庸的博士研究生；一位是何春暉，金庸在浙大人文學院任職時的助手。二〇一五年，該書由紅旗出版社出版，書名為《鄉蹤俠——金庸的三十個人生片段》。

① 王湛《金庸九十　矍爍如故》，《錢江晚報》，二〇一四年三月五日。

算起來，金庸真正在杭州待的時間並不算長，但西湖可是金大俠筆下的御用地盤：像《射鵰英雄傳》裡的武穆遺書；《書劍恩仇錄》中，陳家洛與乾隆西湖賞月，紅花會群雄與御前侍衛夜鬥西湖；《倚天屠龍記》中殷素素與張翠山相遇在西湖邊；《笑傲江湖》中令狐冲被困於西湖底後學會吸星大法……

張浚生在書中提到，書籍醞釀期間，金庸太太林樂怡就曾透露金庸本人的心思：他一生最喜愛的城市的確是杭州，確實有過在杭州終老的念頭。為此金庸很早就在九溪玫瑰園買過一套別墅，但因生活香港長久、醫療服務較為方便等原因，最終未能成行。而且當年金庸打算裝修別墅時，曾讓施工負責人前往浙大探詢教授們的意見。原來他想騰出一間作為客房，在與浙大教授坐而論道、用餐品茗後，不要讓他們趕許多路回家，索性可以下塌於他的家中。

二〇一八年二月十九日，八十三歲的張浚生心臟病猝發逝世。金庸自己不能成行，派秘書前往杭州參加追悼會。

跟金庸「換位」命運便「轉了向」

——被遺忘的作家李君維

二〇一五年八月三日，李君維在北京逝世，享年九十三歲。這位最早的「張（愛玲）派」作家隱入了歷史。

李君維是金庸早年的同事，因為兩人換了個位置，金庸去了香港，他留在了上海，他的命運也就「轉了個方向」。李君維和金庸都欣賞張愛玲的作品。近年新出的散文集《人書俱老》，他說：「時間已進入二十一世紀，我好像定格在二十世紀，我的手錶在二十世紀四十年代停止了。」其實，與其說他是「張愛玲門生」，承襲了張愛玲的風格，不如說他的小說創作與張愛玲異曲同工。當然，正如他自己所坦然承認的，在小說取材、文筆和意趣等方面受到張愛玲的影響。

抗戰後，金庸先在杭州的《東南日報》當記者，四個月後趕上上海《大公報》招聘國際新聞翻譯，金庸被錄用。一九四八年，香港《大公報》復刊，二十四歲的金庸被從上海派到香港，這一「換位」成就了將「查良鏞」變成「金庸」的契機。

「杭州別鳳」，李君維用戲劇裡的話來描述金庸赴港前與未婚妻的惜別。

（二）

二〇〇七年七月初，在北京一家飯館裡，八十五歲的李君維說起他和金庸「換位」的往事，「我和金庸一起進入《大公報》。我在《世界晨報》做到它關門，大概是一九四七年。後來去考《大公報》，考翻譯，就是把外國通訊社的東西翻譯成中文。一屋子人考，最後取了三個人：我、金庸、蔣定本。我們都在國際部。」有人問他：「金庸當時什麼樣的？」李君維答：「當時他蠻普通的。他能力比我強，他有報館工作經驗。我們在一個辦公室，上班就說說笑話。後來把我調到本市版，我的頂頭上司叫高集。金庸後來去了香港《大公報》，報館派他去的。」①

他說，因為兩人換了位，金庸去了香港，他留了下來，他的命運也就「轉了個方向」。

一九四七年六月，在堂兄、上海市法院院長查良鑑的幫助下，查良鏞以中央政治學校外交系的學歷，插班進入東吳大學法學院攻讀國際法專業。於是他辭職離開《東南日報》，離開杭州，也離開了西湖。

七月間，上海《大公報》向全國招聘三名電訊翻譯，這份以「文人論政」為根本特徵的民間報紙，其影響正如日中天，待遇高、收入穩定也是眾所周知的。報紙一刊出招聘廣告，應徵函就像雪片

① 李懷宇《李君維：我的手錶停在二十世紀四十年代》，《南方都市報》，二〇〇七年七月四日。

般飛來，共有一〇九人。

查良鏞報名應考了。當日試題是：電報一份，社論一篇，譯成中文。金庸僅用六十五分鐘就第一個交卷，隨後立即進行口試。由於金庸筆試、口試成績優秀，當然被《大公報》錄取，並列為錄取者榜首。

《大公報》有自己獨特的用人標準，不唯名氣，不唯資歷，可以說是唯才是舉，否則年輕的金庸是沒有任何機會的。

被錄取的其他兩人中有李君維。

應聘之前，金庸在《東南日報》當外勤記者已近一年了。在浙江省檔案館館藏的「東南日報社」全宗檔案裡，有金庸一九四六年與《東南日報》簽下的一份「東南日報社職工保證」，還有金庸離開《東南日報》的「辭呈」。

那年金庸二十二歲，從海寧來到杭州，進入《東南日報》擔任「記者兼收英文廣播」一職，這是他人生第一份正式工作。具體任務是收聽外國電台，如美國之音、大英電台（BBC）的英語廣播，並擇要翻譯出來，偶爾也選一些英文報上的短文翻譯備用。

一般情況，金庸晚上八點開始工作，一邊收聽英語廣播，一邊把重要的關鍵詞記下來，再憑着記憶將收聽到的新聞即時翻譯成漢語。是的，有點像今天的美劇字幕組，而且還是不能重播重聽的字幕組，必須一條過的那種，這也證明金庸的英文很棒。

這是個能發揮他英語特長的工作：收聽英文廣播，編譯成國際新聞。同時，他又受總編輯汪遠涵的指派，主持「幽默副刊」《咪咪博士答客問》，專為讀者解難釋疑。

「咪咪博士」在杭州很快就有了點名氣。一天，金庸收到了一位小讀者杜冶秋的信。這完全是一個孩子沒來由的抬杠：「你說鴨子的羽毛一定要濃密才好吃，那麼請問，南京板鴨一根毛都沒有，怎麼會那麼好吃呢？」

那時的金庸，一定是富有童心而且生活悠閑的，所以他很快回信，而且表示願意上門拜訪結識這位小友。時間定下來了，就在禮拜天。金庸當然沒有想到，他這次大男孩般的、多少帶有走走玩玩的拜訪，竟導致了自己的第一次婚姻。

杜冶秋還在上海念中學，到杭州是來過暑假；他的父親則在上海行醫，正準備接杜冶秋回上海。常住杭州的，是杜夫人與杜冶秋十七歲的姐姐杜冶芬。已經無法追溯金庸第一次見到杜冶芬的情形了，幾十年後杜冶秋回憶這個場景時只用了四個字：「一見鍾情」。

這一年，金庸雖才二十三歲，但經歷了抗戰中的生離死別、顛沛流離、謀生求學，自然而成了一種敢拼敢闖的勁兒。既然愛上了一個人，那就追吧。第二天，他帶了一疊戲票到杜家，請他們全家去看當時頗為轟動的郭沫若話劇《孔雀膽》。

一場戲正演得熱熱鬧鬧。金庸頻頻以當時的新鮮玩意兒「可口可樂」來餉客。戲看完了，金庸終於盼到了杜先生一句寶貴的話：「有空常來玩。」

話是客套話，有心人卻不妨以此為招牌，師出有名地出入杜府了。杜冶秋很快隨父親回了上海，那麼，金庸去杜府的目的便再明白也不過了。可以想像，金庸豐富的經歷與奔放的才學，足以傾倒這位雖生長在中產階級家庭卻一直生活在父母羽翼之下感情世界猶如一張白紙的杜冶芬。愛情，悄悄地滋長着。

因為父母在上海，杜冶芬念完書後是要回上海的，所以，金庸打算離開杭州到上海去，便參加了《大公報》的招考，如願以償地和李君維等人脫穎而出，一塊進入上海《大公報》工作。

一九四七年十月底，金庸邁進上海大公報館的大門。雖然，此時的《大公報》即將走完它最輝煌的歷程，但畢竟「文人論政」的傳統猶在，青年金庸還有機會近距離領略它的風采，接受它的教誨。

老同學余兆文一次路過上海，順便去看望查良鏞，見他一個人在橢圓形的小編輯室裡忙得不亦樂乎。他的工作就是在大量外國報刊中挑選文章，然後剪下來，分別寄給特約作者，等他們把翻譯好的文章寄回來，他再將譯文和原文核對一遍，就可以發排了。

然而五個月後，《大公報》香港版復刊，報館急需一名翻譯，原定李君維前去，但他因為結婚不久，妻子臨產不能去。報館遂有派遣金庸赴港之議。

一九四八年三月三十日，金庸飛往香港。這一天，杜冶芬也到機場送行。她臨別時說：「我們每人每天做禱告一次，不要忘了說，但願你早日回到上海。」言語深情意切，愛情的果實分明已經成熟了。李君維曾回憶說，此前，金庸去了杭州兩趟，與杜冶芬話別，戀戀不舍，用戲劇裡的話說是「杭州別鳳」。

當時，《大公報》的新聞主任要金庸寫一篇《我怎樣決定到香港》的文章，在《大公園地》上發表，李君維預先給他起好了題目，就叫《杭州別鳳記》，還畫好了兩個小報頭。他說：「一看報頭如此之美，題目又如此之艷，文章也嚇着不敢出來了。」

金庸任職《大公報》香港館，先後做過記者、翻譯和編輯，《大公報》創辦《新晚報》後，金庸又任《新晚報》的副刊編輯。

一九五三年，兩位著名拳師——太極拳掌門吳公儀與白鶴拳師父陳克夫大師打擂比武，由於香港法律禁止武師之間決鬥，遂移師澳門舉行。想不到香港竟有數萬人乘船過海，日夜觀戰，盛況空前。香港各報都予以大版報道，風行一時。

《新晚報》由此獲得啟發，便在副刊上試辟武俠小說連載專欄，約請能編能寫的副刊編輯梁羽生、金庸出陣，梁羽生寫第一部武俠小說《龍虎鬥京華》，金庸寫第一部武俠小說《書劍恩仇錄》，結果一炮打響，《新晚報》一時間洛陽紙貴，銷路倍增，梁羽生、金庸亦因此聲名大噪。

金庸於二十世紀五十年代末離開《大公報》而創辦自己的《明報》。對於他來說，跟李君維「換位」、南下香港成為他命運中最重大的一個轉折點。在回首當年往事時，金庸充滿感情地說：「我現在擁有的一切，雖有自己的辛勤努力，但更多是香港這一環境所賜。我要感謝《大公報》派我來香港！」

（二）

金庸說過：「我和李君維相識非常偶然，我們兩個都喜歡新文藝，欣賞張愛玲的作品，在新聞以外寫一點小說。」與金庸相識之前，李君維在上海《世界晨報》任電影故事編輯，開始了散文、小說創作，在《幸福》、《宇宙》、《小說》等刊物上陸續發表了不少作品。他說：「我沉溺在小說世界，沉溺在現實與想像、人生與藝術、真與美的交織之中，彷彿伴隨着細細的江南絲竹，我感到陣陣喜悅，絲絲幸福。寫作是我生命的一部分。」

李君維比金庸大兩歲。祖籍浙江慈溪（今寧波慈城），一九二二年生於上海，父親為建築工程師。中學年代，李君維就讀光華大學附中，一九四一年考入聖約翰大學經濟系，一九四五年獲聖約翰大學文學院學士學位。

那時，金庸在重慶的中央政治大學念書，開始文學創作，曾經寫過短篇小說《白象之戀》，並且與人合伙創辦《太平洋雜誌》，他任主編，創刊號上發表了他寫的長篇小說《如花年華》的第一章，第二章已脫稿，《太平洋雜誌》第二期因為無法籌措到印刷經費而不能付梓問世，無奈，一部長篇佳構不幸流產了。

一九四六年四月，上海《新民報晚刊．夜花園》刊出署名蘭兒的《自從有了張愛玲》一文。文中說：「有人說張愛玲的文章是『新鴛蝴派』，因為她另有一番瑣屑纖巧的情緻，後起而模仿者日眾，覺得最像的東方蝃蝀，簡直像張愛玲的門生一樣，張派文章裡小動作全給模仿像了。」可是，金庸不知道「東方蝃蝀」是誰。

翌年，金庸讀到李君維的《張愛玲的風氣》。李君維談到，新文藝作家太多潔癖，叫人處處受了拘束，而張愛玲的東西，把新文藝作家不能入文的題材，全取了過來，讓人詫異原來這個也能寫進正經文章裡去，而實際上這些恰恰是我們日常的生活，「有些題材，比如《金鎖記》，一般新文藝作家就不能入文，即使寫的話，也是用批判的方式，和張愛玲的寫法完全不同。」張愛玲寫的正是李君維看到的日常生活，所以他也用這種「張愛玲式風氣」寫作。

此時相識，金庸恍然大悟：「東方蝃蝀」原來是李君維。李君維笑了笑說，「東方蝃蝀」是他的筆名，「蝃蝀」（讀音 dìdòng）二字出於《詩．鄘風．蝃蝀》：「蝃蝀在東，莫之敢指。」朱熹的註解：「蝃蝀，虹也。」李君維解釋，用這個筆名，是從張愛玲那裡啟發而來的，用怪僻的筆名無非是想引人注目。金庸也認為李君維的小說寫得頗有「張味」，比李君維僅大兩歲的張愛玲開創了一股小說新風氣。張愛玲是李君維的學姐，在聖約翰大學讀書期間，他讀到張愛玲在上海刊物上發表的小說，大為欣賞。校園裡他和張愛玲有過幾次擦肩而過，「張愛玲在學校裡，從不參加什麼活動，跟同學也很少來往。她人長得挺高的，這點讓她蠻引人注意的。後來才知道她會寫文章，當時就知道有這麼一個人。」當年，根據張愛玲小說改編的電影《太太萬歲》上演。在同學炎櫻的撮合下，李君維一同到常德公寓拜訪張愛玲，「那時沒抱什麼目的，就是看看。」第二天，他寫了《〈太太萬歲〉中的太太》一文，談論張愛玲的文字，刊登在電影《太太萬歲》的上演特刊上。第二次見面是在一九四七年，地點改在炎櫻家裡，「那次我想請張愛玲寫篇文章，結果文章沒有寫成。」①這次見面，李君維和張愛玲聊得很多，還聊了服裝這個話題，在《張愛玲的風氣》中也提到了。

也許趣味相投，李君維和金庸常常在一起談論新文藝的話題。一天，兩人談論起張愛玲，李君維毫無顧忌地說：「我見過她，在大學就見到她，她比我大兩歲，但到聖約翰大學的時間跟我差不多，可是她沒有畢業。為什麼知道她呢？第一因為她發表小說，第二因為她這個人長得蠻高的。」「她當時就是一個作家。當時在敵偽統治之下，寫文章的人很少，有這樣一個人出來，就引起人們注意。喜歡讀她作品的就是一些知識份子、大學生、愛好文藝的人，一般的市民就不一定知道她。」②

李君維還跟金庸講述了自己與隨筆作家馮亦代的結識過程：「馮亦代先生對我人生影響很大。抗戰勝利後他在上海辦一份小報叫《世界晨報》，還翻譯出版了一本書叫《守望萊茵河》，是美國作家麗琳．海爾曼寫的，其中有一個英文sister，可以叫姐姐，也可以叫妹妹，我不知道怎麼地推算一下，他不知道把姐姐譯成了妹妹，還是把妹妹譯成了姐姐。就這麼一個小事情，我寫稿發了一番議論。在小報上發表之後，他看見了，就讓當時在該報工作的袁鷹約我去了，我那時候

① 李君維《在女作家客廳裡》，《新民晚報》，一九九〇年八月一日。
② 劉莉芳《訪「張派」傳人李君維先生》，《外灘畫報》，二〇〇四年九月七日。

二十幾歲，穿着西裝短褲，去見馮亦代了。他看見我有點意外，沒想到是個孩子，他問『你有工作嗎？』我那時候從學校剛出來，沒有工作。『那你到我們這兒來上班吧。』我第二天就去上班了。」李君維曾在《世界晨報》當了兩年的電影評論編輯。

一九四八年，在金庸離滬赴港半年之後，李君維出版了短篇小說集《紳士淑女圖》。它包括《春愁》、《河傳》、《惜余春賦》、《紳士淑女》、《懺情》、《驟車上的少年》、《牡丹花與蒲公英》七篇短篇小說。小說寫出了現代都市生活中中國傳統家庭式微的命運及人們的情感百態；現代都市女性在日益崩潰的男性中心社會裡物欲和性欲的自由；以及在這種「上下文」中對於現代都市生活已深具審美超越和批判意識的「都市少年」在新與舊、傳統與現代之間選擇的「兩難」境地。李君維用一種富麗的文字寫出十里洋場舊家族的失落和新的精神家園的難以尋覓，文體雅俗融洽，逼似張愛玲，透出一股繁華中的荒涼況味。在意象的選擇和營造方面，也和張愛玲一樣與現代主義相通。於是，就有學者冊封李君維為「張愛玲門生」。其短篇小說集《紳士淑女圖》、中篇小說《傷心碧》和長篇小說《名門閨秀》在上海文學史上都佔有特殊的地位。

這時候，金庸坐在維多利亞海灣岸上垂釣，背後是一片枯乾的荒野……

二〇〇五年，金庸在香港讀了《人書俱老》一書，李君維這樣評說張愛玲：「人生猶如接龍，眼看接不通了，洗了牌再接，又接上了。她（張愛玲）的小說集子《傳奇》在百新書店出售就覺得有些尷尬，她擠在張恨水《似水流年》的旁邊好像不太合適，擠到《家》、《春》、《秋》一起當然更合不到一起。正如熱鬧的宴會裡，來了個不速之客，主人把他介紹到這邊一堆人來也話不投機，介紹到那堆人去也格格不入，可是仔細端詳一下，他與兩堆人都很熟悉，卻都那樣冷漠。」比喻來得巧妙而恰當。

（三）

一九八七年，穿過了漫長的時間隧道，經歷了常人難以想像的磨難，李君維又一次出現在國人視野。這一年，他的長篇小說《名門閨秀》（原名《芳草無情》）在上海《新民晚報》連載，有人驚訝於作者觀察的豐富深邃、語言的細膩別緻，連上海方言的運用也是恰到好處，使人物形象大為增色；寫知識男女的情感糾葛，寫都市婚戀場中的心理衝突，李君維不像張愛玲那樣極端，那樣撕心裂肺，卻同樣回腸蕩氣，耐人尋味。他的文字太像張愛玲了，當時張愛玲才剛剛被提出來重新討論。

這時候，金庸從香港來到北京，訪談中說到李君維，於是有記者向李君維求證，「東方蝃蝀」的真名終於浮出歷史地表，《紳士淑女圖》作者之謎由此得以完全解開。

一九五〇年，正當金庸應邀北上赴京到外交部謀取職位的時候，李君維也去了北京，經朋友介紹進入電影局工作，於是「海派」成了「京派」，小說家成了電影刊物編輯家，從此金盆洗手，在中國文壇上銷聲匿跡多年，幾乎告別了「東方蝃蝀」這個名字。

「我的文字不適合那個時代了，新的東西又不擅長，沒有生活，寫不好。」李君維這樣解釋他停止創作的原因。某種程度上，他原先還未成長為大作家是幸運的，至少可以說停就停，不用被迫寫自己不熟悉的東西。「當時的主流話語下，要寫革命和勞苦大眾，李君維寫都市摩登男女的東西屬於邊緣、另類，自然不會入史」，著名學者陳子善解釋李君維缺席現代文學史、被人們逐漸遺忘的原因。

雖然，原來的東西不能再寫了，但李君維也不甘心創作生命就此結束。他曾在一九五二年，寫過一個並不成功的中篇《雙城故事》，有點自傳性質。一九五六年，百花齊放的時候，他寫了繼承原先風格的《當年情》，可見有條件的話，他還有創作的願望，只是這樣的機會並不多。

「文革」以後，李君維用本名寫了不少回憶性散文，一九八七年創作了長篇小說《名門閨秀》，一九九〇年代又創作了中篇《傷心碧》，都署了戶口本上的真名實姓。有意思的是，他的小說題材仍以上海三四十年代為背景，而他的作品一般也多發表在上海的報刊上。好像北京是他的另一個人生，在那裡，李君維是電影雜誌的編輯；上海，才是創作之地，在這裡，他始終是個作家。

李君維自己也同意「兩個人生」的說法，「雖然後來一直生活在北京，但與市民很少接觸，寫北京就寫不好；上海是從小生長的地方，熟悉生活，寫上海就能寫好。我與北京的文學界也一直沒有什麼接觸，直到近年來才與一些作家學者有所交往。」似乎語言風格有所改變，不如以前的那些短篇富有韻味。由於李君維沒有再使用東方蝃蝀的筆名，所以，很少有人知道寫《名門閨秀》的李君維就是寫《紳士淑女圖》的東方蝃蝀。文學界雖然開始關注到張愛玲、沈從文、汪曾祺，甚至無名氏，卻仍舊沒有關於東方蝃蝀的只言片語。

一九八九年，魏紹昌先生主編了一套「海派小說選輯」，把解放前出版的書重新影印出版，其中就有東方蝃蝀的短篇小說集《紳士淑女圖》，很別緻。就這樣，東方蝃蝀的名字和小傳第一次出現在現代文學研究的專著中。而一九九八年，東方蝃蝀終於出現在了文學史的記載中，錢理群、溫儒敏和吳福輝三人合著的《中國現代文學三十年》中對他和他的作品有了一段中肯的評論。「像君維先生這樣風格獨具的『張派』（姑且這麼界定）作家應該重新審視、重新評價。《紳士淑女圖》和君維先生的其他小說也是四十年代上海文壇的『美麗的收獲』，是存在深入探討的藝術空間的。在我看來，四十年代的上海文學史，如果缺少了君維先生的小說，就像缺少了張愛玲一樣，那就太單調乏味，太不可想像了。」陳子善這樣認為。

「三十年代的月亮是陳舊的。天蒙蒙亮了，昨夜殘留的月亮還掛在上海孟德路席公館的屋檐旁邊，蒼白，虛弱，凄迷。」這段描寫出自《名門閨秀》。「亞麗是驚鴻一瞥的女子，坐着也渾身長了翅膀在蠕動，滿身的肌肉往外擠。」這是《傷心碧》中的語句。李君維的視角獨特，文筆雋永，情趣盎然，喜怒哀樂在淡雅舒展、行云流水般的文字中自然而然地流露，堪有「張味」。

金庸曾經多次到北京，可是不知什麼原因，竟然沒有他與這位老同事重逢的確實報道。金庸提到李維君是二〇〇九年初與《時代周報》記者的訪談，他說，「他聖約翰大學畢業的，跟我一起考進《大公報》的。我到香港來跟他有關，本來要派他到香港來，他剛剛結婚，不來，那麼，報館就派我來了。」「李維君這個人蠻好的，當時在上海，他穿得漂漂亮亮的。如果他不是結婚，派他到香港來，我就不來了，那我就糟糕了，我在上海要經過『反右』，一定反進去，『文革』一定糟糕，『反右』和『文革』兩次一定非常糟糕的。說不定『文革』的時候就死了，武俠小說也不會寫了。李君維後來不寫文章也好，逃過『反右』，逃過『文革』了。」①

確實，李君維跟金庸「掉位」以後，兩個人的命運也「轉了個方向」。

金庸到香港以後，不久就調到《新晚報》當副刊編輯。一九五五年，金庸偶試身手，寫出第一

① 李懷宇《金庸：辦報紙是拼命，寫小說是玩玩》，《時代周報》，二〇〇九年一月八日。

部武俠小說《書劍恩仇錄》，一舉成名後，一發不可收。接着，《雪山飛狐》一出，石破天驚，全城爭讀。《射鵰英雄傳》更被視為「天書」，新派武俠小說的宗師地位，由此奠定。那年，查良鏞三十四歲。三十五歲那年，查良鏞拿着他的八萬元港幣，自立門戶，創立《明報》。金庸神態洋洋灑灑、寂寂荒淒的武俠小說，經他手一振，開拓了學術新的研究領域——「金學」，寂寂無名的「明報」經他手一揮被推上國際舞台，成為世界權威中文報紙之一。後來，金庸急流勇退，飄然而去，他攜着賢淑的妻子周游列國去了，一年有一半的時間不在香港，這就是他退休後的愜意日子。

雖然，命運「轉了個方向」，但李君維的晚年生活卻跟金庸相似：每天散步、讀書、看報，偶爾會友。晚年李君維的寫作多轉為散文、隨筆，常署本名李君維，偶爾用筆名「枚屋」。二十世紀最後一年，他編成一冊散文隨筆《半閑集》，書名來自那句「浮生偷得半日閑」。後來，《半閑集》易名《人書俱老》，為《開卷文叢》第二輯之一種，由岳麓書社出版。這是李君維筆墨生涯大半生的第一部散文集。《人書俱老》所收，從時間而言，跨越了半個多世紀，從內容而言，寫的都是李君維先生最為熟悉的人和事。雖然大都為小品短制，總共才十多萬字，乃是實實在在，生動親切，遠勝於當下那些洋洋灑灑卻不知所云的所謂「文化大散文」。李君維在解釋《人書俱老》書名時說，「書伴着我老了，書廝守着我，相依為命。在暮色蒼茫中，我們有一搭沒一搭地聊些什麼?」

金庸第一次婚姻的證婚人

——前輩同事許君遠

一九四七年，年輕的金庸前往《大公報》應試電訊翻譯職位，許君遠擔任主考，因為賞識金庸而極力推薦。一九四八年十月，金庸在上海舉行婚禮，證婚人便是許君遠。日後，金庸一直感激許君遠對他有提攜教導之恩。

其實，金庸的表哥徐志摩曾經提攜了許君遠，若干年後，他卻成了最早相中金庸的伯樂。許君遠與金庸在《大公報》工作，一起親身體會過做報人的喜與憂。

(一)

金庸稱許君遠為「前輩同事」。許君遠比金庸年長二十二歲，不僅是金庸的同事，還是金庸表哥徐志摩的學生。

一九二二年，許君遠離開家鄉河北安國縣來到北京，進入北京大學預科，後入英文系就讀，同學中有後來成為著名作家的梁遇春、翻譯家張友松、鍾作猷等。

北大的教授群裡，辜鴻銘、王國維等已經老去，而胡適、徐志摩、林語堂等正熱。許君遠曾寫文章回憶：「我最初見到志摩，是在泰戈爾來平在真光劇場講演的時候。他那頎長的身材，白皙的面孔，上額稍突的頭部，與那齒音很多的不純粹的京音，已予我以深刻的印象。十四年十月初旬他才開始登上北大紅樓，那時他已主編《晨報》副刊，聲譽日漸高起。但詩是講得不很出色，雖然選課的人也不少。不過他的談吐很有趣味，說話也沒拘束，尤其講到某文學家的軼事瑣聞，特別令人神往。他喜歡雪萊，關於雪萊說得十分詳盡。」說到徐志摩上課的情景：「時候是冬天，他穿的是紫羔青綢皮袍，架着淺黃玳瑁邊眼鏡，因為身材高，他總是喜歡坐着，坐在講台桌的右面。對於裝飾他很講究，不過對於衣服他並不知道珍惜：鼻涕常常抹在緞鞋上，而粉筆屑永是撲滿於前襟。這種種很能代表出他那浪漫而又清雅的個性，很能表現出他那優美可敬愛的靈魂。」①

許君遠從小就鍾情於文學，立志做一個作家。他在《孫伏老堆稿積土》中寫道：「到了北大，發表慾望更增強了，那時晨報副刊正受着萬千青年的擁護，我一心一意想在那裡出風頭。不幸孫伏園老頭子選稿很嚴（後來在重慶《中央日報》和他同事，才知道他根本不大選稿，千萬篇的書件都堆在桌子上，塵土厚積，我數次代投稿人向他請命，毫無效果）……石沉大海，此後便再無

① 許君遠《懷志摩》，《許君遠文存》，長安出版社，二〇一〇。

問津的勇氣了（以後我提到這件事，他只是眯着眼睛笑）。」

這段記憶透露了當年《晨報副刊》主筆孫伏園因稿件太多而難以處置的窘境，因此大多數來稿石沉大海。然而，許君遠仍堅持不懈地努力，他的文章也漸漸零星地為幾家報刊所接納。但是，最早給予許君遠以充分認可，刊出其多篇詩歌、散文、小說，最大限度激發許君遠創作信心的，竟然是先前不理睬他的《晨報副刊》，那是在一九二五年十月之後。不過，當時編輯已換了人，這就是從歐洲歸國未久的詩人——徐志摩。

一九二五年十月一日，在詩壇上已有相當名氣的徐志摩，受朋友堅邀，出任《晨報副刊》主編。報紙天天出，副刊也幾乎天天有，這樣一來，徐志摩就感到稿件有些不足。他又是一個不肯苟且的人，一般稿件，他看不上眼。所以，最初，他的辦法除請好友支持外，自己也不得不大量寫稿。其餘不足，他當然得從來稿中間擇選。這樣，許君遠便進入了他的視野。

經徐志摩刊發的許君遠作品，檢《晨報副刊》影印本，最早應該是《五福樓師友之會》，第二篇是《博學欽佩陳西瀅》，第三篇為《現代評論斗語絲》，三篇都在徐志摩接手辦報的當月。①散文、隨筆還有評論都在嘗試。他的散文特別以描繪風土人情見長，風格清淡雋永，又常常帶點幽默。

① 眉睫《許君遠的北大記憶》，《中華讀書報》，二〇〇八年九月十九日。

有位編輯曾寫打油詩說：「君遠確是白描聖手，平生最好猜拳鬥酒，詼諧幽默包你失笑，更讓馬克吐溫大叫。」

一月之中，許君遠在這家有影響的報刊連發三篇作品。而且當月在《晨報副刊》上發文的，有胡適、梁啟超、沈從文、劉海粟、陳西瀅、凌叔華、聞一多、冰心等一干名流，能躋身其間，想來信心一定會大大增強。這之後，徐志摩還與許君遠見了面，從他那裡，取去了一冊稿子，這就使得隨之而來的第二個月，徐志摩一口氣發表許君遠各類作品達五篇之多。對於初涉文壇的許君遠，這份提攜，這種見重，來得多麼及時，多麼重要。

北大畢業之後，許君遠先到天津任《庸報》編輯，後復任北平《晨報》編輯，進入了徐志摩、瞿菊農輪流「坐莊」的《晨報副刊》文藝圈子，深得丁西林、陳西瀅、楊振聲、沈從文等人賞識，許君遠慢慢在文壇立住了腳跟，被一些史家稱為「京派代表人物」。著有小說集《消逝的春光》、散文集《美遊心影》，譯有《斯托沙里農莊》、《老古玩店》等。

一九二七年後，隨着中國政局發生變化，政治中心向南轉移，上海日漸成了中國文化繁榮之地。許君遠常發表文章的幾家報刊先後遷往上海，「新月」書店也隨着徐志摩到了上海灘。此時，徐志摩又對許君遠伸出友誼之手，書信往來邀他給上海的刊物投稿，享有盛譽的《小說月報》開始接納許君遠的作品。

在許君遠的眼裡，徐志摩沒架子，有赤子般的天真，而且總想站在「和事佬」的位置上，結果經常兩面不討好，當年陳西瀅與魯迅互罵，他就遭遇到這樣的事，最後，只好把委屈咽在肚中。後來，許君遠跟金庸說：「魯迅是最看不起你表哥的，鄙夷他為闊公子哥兒，說他一輩子不能有所成就，這話是不公道的，是魯迅先生在氣憤時說的。」

說起徐志摩對許君遠的欣賞，可以舉一個例子。一位文學家在《京報》副刊上著文批評許君遠的小說，他很生氣，寫信給徐志摩，徐覆信勸說，「你的小說我以為是好玩的，你只管作，他只管罵，單看他罵的好玩不好玩。」徐志摩在這裡雖然文字有些俏皮，可意思明白，「好玩」在中文中的一種意義是當「有興趣」講，徐志摩所賦予的「好玩」還有一種意義是「小孩子脾氣」「天真」。許君遠的小說是可以入「值得讀者們再讀三讀乃至四讀五讀的作品」之列的。不妨說，這是別一種的「志摩的欣賞」。是的，這就是徐志摩對待敵人優容的態度，而「好玩」這兩個字乃是他自己解嘲的秘訣——這並不是怯懦，這是旁人不能及的好德性。

對於徐志摩的知遇之恩，許君遠當然不能忘懷。徐志摩去世，「招起知友的眼淚，掀起讀者的同情」（許君遠語）。之後的不長時間，在紛繁的情緒中，許君遠寫出《懷志摩先生》一文，刊登在一九三一年十二月十日的《晨報副刊》來紀念徐志摩，寫下了這樣一段由衷之言：「一九二六年夏天學期末終了時，他便離開北京而南下了……而我最後見他，是今年夏天一個晴和的早晨，他正坐着一輪破洋車經過景山東大街去北大一院上課。他仰着頭看天，沒注意到我，我也無表示地走過。本來不大注意這些拘拘形跡的來往，何況志摩先生年紀正輕，哪愁以後沒有做成親密師友的機會？誰想到他竟這樣草率地了卻此生？這會寫哀悼他的文章，才景懷他的可愛的人格，才追悔自己的懶惰。他給我的信大半都遺失了，只有兩三封還保存着。然而他對我的友誼，他給我的獎許，同時他提掖我的恩惠，則終此生難以遺忘呢。」那份知遇和感恩的心情，表現得再明白沒有了。從實際看，徐志摩對於許君遠的支持幫助，也當得起許君遠的這番肺腑之言。

對徐志摩詩文的評價，許君遠認為他的散文在他的詩之上，「據我個人的觀察，稱讚他的散文的總比稱讚他的詩的人多」，「他的散文有美麗的情調與淡遠的風趣，筆端既充滿感情，敘述自易委婉動人。《落葉》裡搜集的文章都還平平，而《自剖》與《巴黎的鱗爪》二書中所收，則全是流芳千古的作品了。」

說到他的飛天，最後他悲哀地寫道：「他死了，享年僅三十六歲！詩人不許活年紀大嗎？不然為什麼濟慈、雪萊、拜倫全是早殤？」

若干年後，許君遠結識了金庸，偶然間說起《晨報副刊》，金庸說：「我的母親是徐志摩的小姑媽，徐志摩是我的表哥。」許君遠恍然大悟：「你是詩人徐志摩的表弟，怪不得你的文字那麼好。」

（二）

一九四七年梅雨季節的一天，上海淅淅瀝瀝地下着雨。

在東吳大學圖書館裡瀏覽報紙的金庸，忽然發現《申報》上刊出一則《大公報》上海版即將復刊的啟事：「本報自一九〇二年創刊以來，數十年間一直恪守不黨、不賣、不私、不盲之辦刊宗旨，在國內各省享有崇高之地位……現抗戰宣告勝利，素來民望甚佳的《大公報》上海版，繼天津版復刊之後，近期即將復刊，茲決定在滬招收部分工作人員。其條件如下……」

看到這裡，金庸的眼睛不由得一亮，未婚妻杜冶芬的身影也在他腦際一閃。他知道這是個千載難逢的求職機會，《大公報》早在他重慶求學期間就成了心儀嚮往的名報，常常讀這張報，有時甚至為著名報人張季鸞富於正義感的社論所鼓舞。另外，他正戀愛着，杜冶芬的父母在上海，他巴望着在上海立足成家。想到際遇，他清楚自已雖然具備投考《大公報》的條件——他的文筆，他在杭州《東南日報》當記者所積累的經驗，還有目前正在上海攻讀東吳大學國際法專業的較高學歷，都會成為他參與競爭的籌碼。然而，金庸也同時發現自己將要面對上百名競爭對手，其中不乏出類拔萃的人才，還有不少人身後有特殊的政治背景和人際關係。他心中既緊張又衝動。

第二天，金庸去《大公報》報了名，應試電訊翻譯一職。

報紙一刊出招聘廣告，應徵函如雪片一般飛來，共有一百零九人。上海本市的占百分之九十五，其他多來自南京、徐州、蘇州、嘉興、杭州，年齡最大的已過六十歲，最小的只有二十三歲，有中央研究院的研究員、大學教授、銀行職員等，其中還有知名作家，附有出版的作品。他們在應徵函中所述的理由有對新聞工作有興趣、傾慕《大公報》的盛名、公務機關待遇微薄不足糊口、在銀行工作清閑想兼夜差，等等。

金庸遇到的第一個大公報人是許君遠，擔任這次招聘的主考。

許君遠在《晨報副刊》嶄露頭角以後，一九三六年《大公報》創辦上海版缺少人手，胡政之看中許君遠，「重金禮聘」從北京把他「挖」來，與徐鑄成一起主編要聞版，同時兼任國際新聞及副刊《小公園》主編。及至抗戰爆發，上海《大公報》停刊，許君遠也離開上海，先後任香港《大公報》編輯、重慶《中央日報》副總編輯、重慶美國新聞處翻譯等。直到一九四六年上海《大公報》復刊，許君遠又被請回來擔任編輯主任。

許君遠擬定試題並親自閱卷，評定分數。試題中有命題作文，說說對《大公報》未來的大膽設想；另有英文電報一、社論一，要求將之譯為中文。

報館最後選擇十位優秀的應聘者參加筆試。金庸的作文雖然篇幅不長，但分量很重，且文筆犀利，詞句精緻，全篇幾乎沒有廢語冗言。金庸第一個交卷，只用了六十五分鐘。

許君遠一眼看中了這篇短文，對金庸的才學十分賞識，極力向吳社長和胡總經理舉薦，吳社長就是大名鼎鼎的《大公報》發起人吳鼎昌，胡總經理則是金庸心儀多年的著名報人胡政之。隨後，金庸順利通過了口試。①

一九四七年十月底，金庸走進了大公報館，他的生命由此揭開新的一頁。

國際電訊編輯決非一般人可以勝任，更不要說在《大公報》這樣有名氣的報館裡擔任這絲毫不能馬虎的職業，好在金庸早先在杭州《東南日報》有過翻譯外國電訊的經驗，加上他的優美文筆和勤勤懇懇，做得還算順利。

金庸是上夜班，不影響東吳大學法學院的學業，而且可以在《時與潮》兼職。他對中學同學說起過在《大公報》工作的情形：「剛到報館，編輯主任許君遠就跟我講了報館的規定：稿子有誤，

① 劉慧《許乃玲談父親許君遠》，《文匯讀書周報》，二〇一〇年八月七日。

編輯負責；排印印錯，唯校對是問。職責分明，賞罰有則。寫錯印錯都要按字數扣薪的。如果超過一定字數，那就要被除名解職了。《大公報》對編輯的要求高得多，有些稿子付印以前，常要幾個編輯過目，經過仔細推敲，方才定稿。」儘管工作壓力大，要求嚴格，但《大公報》有富有人情味的一面。「晚上的夜餐倒是報館免費供應的，說起來，多是吃稀飯，配稀飯的，不是香腸、叉燒，就是醬雞、烤鴨，或者火腿炒雞蛋、油炸花生米，自然也有醬菜。晚班工作完畢，街上沒車了，許君遠主任會派車子把所有的編輯一個個送回家去。」

相處久了，金庸發覺許君遠是一位非常敬業的報人，提筆成章。他平時坐在編輯部，出版的時候，經常有人會說：主任，這裡有缺口，差一篇文章，需要填一個東西，他馬上提筆寫篇短文，有人說他一支烟工夫就能寫幾千字。他對現代文學的研究，對現代報刊歷史的研究和對現代知識份子的研究，能夠讓大家看到一些經驗教訓。

金庸曾跟許君遠學寫新聞特寫，聽他說：「我寫『報告式』的白描，最初原是一種試驗，不意被競起模仿，在抗戰軍興以前，『特寫』文章遂蔚成風氣，始作俑者應該是我。」原來，許君遠是『新聞特寫』這一文體的首創者。這是他對報業的最大貢獻。

金庸聽人說，天主教紅衣主教于斌看中許君遠的英語口譯功底，曾經聘他為私人秘書。

一九四六年四月，聯合國成立大會在舊金山召開，蔣介石派于斌參加，許君遠以秘書名義隨行，同時充任天主教會《益世報》的特派員，每日寫通信一篇。這次旅美給許君遠很多感觸，他回國後還就此寫了一系列短文，並匯編為《美遊心影》一書。許君遠的英文水平高，中文底子厚，譯作一流，主要譯作《印度政治領袖列傳》、《斯托沙里農莊》、《老古玩店》、《莎士比亞戲劇故事》，都曾風行一時，廣為流傳，其中以《老古玩店》的影響最大，幾乎成了經典譯作。

應許君遠的指定，金庸還當過一段時間的體育記者，專寫籃球賽。因為抗戰勝利後的幾年間，上海人忽然喜歡看起籃球來。這股籃球熱的興起，《大公報》很有功勞，宣傳鼓吹，不遺餘力，產生了好幾個具有勢力的籃球隊，天天有比賽，吸引了無數球迷，也出現了一些使球迷傾倒追慕的籃球「明星」。後來，《大公報》組建大公籃球隊，隊長就是許君遠。金庸被許君遠挑選入隊，先後與商務印書館、三聯書店的球隊進行多次比賽，金庸全神貫注地進入了角色。許多人為看一場球賽，都來找他要票，他為此着實感到風光了一陣子。

一九四七年十二月五日出版的《大公園地》刊載了查良鏞的一篇短文《自扁其說錄》，他說「自扁其說」是許君遠先生新發明的說法，引經據典以證明自己的錯誤或自我嘲笑。在報言報，做「翻譯」即翻譯，他譯了九則，距「十全」之圓相差一條，以示其「扁」。這些有意思的譯文正是他初入《大公報》時心情愉快的小小見證。

許君遠主編的《大公園地》是調劑大公報社各館同人公餘生活的雜誌類刊物，登載他們的個人愛好、工作心得、生活情趣、人物素描、家庭生活、婚嫁喜慶等作品。一日，金庸在第九期《大公園地》的編後記中看到了許君遠的「糾結」：「從第八期起這個小刊物就開始缺乏營養，我不忍把一個面黃肌瘦的孩子交給旁人照拂，可是等我把他抱返來，看着他啼飢號寒，於心也大有不忍。於是我便挨門求乞，希望有米的送米，有肉的送肉（如果有人肯送雞鴨，那更歡迎），我準備把孩子養得肥肥的，然後再把他托給旁人，則受之者亦必高興，孩子的前途必甚光明。」金庸被他的熱情所感動，很快寫了《自扁其說錄》給他。此後，許君遠將金庸列入《大公園地》主要撰稿人，即使他後來到了香港，也不忘記供稿給許君遠，先後寫了《來港前後》、《滬館編輯部人物小記》、《滬館編輯部的火爐臭史》等，都是描寫辦公室同人精彩的所見所聞和感想。①

（三）

金庸在上海《大公報》只待了五個多月。一九四八年三月，《大公報》派他到香港工作，他

① 劉鵬《新聞史上的失蹤者許君遠之生平與文章略談》，《新聞記者》，二〇〇九年第七期。

不是很樂意，寫信到杭州，徵求未婚妻杜冶芬的意見，她的答覆是短期可以，時間長了不肯。許君遠聞訊，將此情況向上反映，報館高層同意金庸的要求：只去半年就回來。

在這段時間裡，金庸除了翻譯大量外國電訊之外，有時還協助許君遠寫一些評論。由於他文筆出眾，詞語犀利，有時還受命執筆一些社論，因而，許君遠也是捨不得他離開自己的。

一九四八年三月二十七日，杜冶芬來到上海替金庸整理行李。許君遠初見這位秀氣俏麗的杭州姑娘後，悄悄問金庸：「你去香港她放心嗎？」金庸默默地點頭。許君遠說：「今晚我作東，大家聚一聚，為你送行。」

傍晚，金庸攜杜冶芬來到報館附近的一家浙江餐館，晚飯是許君遠準備的。席間，許君遠安慰杜冶芬：「阿芬，報館派遣小查去香港，是吳政之社長對他的賞識，因為香港有發展的機會，你可得支持他啊！」杜冶芬羞怯地望着金庸，默默無言。許君遠接着說：「半年很快的，只要你倆結了婚，將來在一起的時間就會更長。」

三十日早晨，金庸登機前，跟送行的許君遠說：「本來預定計劃是四月一日辦了這件終身大事，現在只好半年後再說了。」許君遠說：「你結婚，我會當你的證婚人。」

半年以後的十月，金庸回到上海，不過，「半年之約」已經作廢，他是請假回來舉辦婚禮的。

許君遠不負諾言，當起了證婚人。金庸原來打算在自己的故鄉舉行婚禮，可是，當他聽到許君遠的安排，貴賓中有不少是上海《大公報》的同事，馬上寫信給海寧老家的父親，將婚禮現場改在上海。

那天，上海貝當路禮拜堂花團錦簇，貴賓雲集，作為他和杜冶芬婚禮的證婚人和前輩同事，許君遠把婚禮安排得十分隆重。主持人向金庸和杜冶芬詢問並祝福以後，兩位新人在證婚人許君遠的引導下牽手走向婚車，長長的車隊駛往繁華的南京路。婚宴設在康樂飯店。

許君遠在當天的日記中記述了金庸做新郎官的情景：「新郎倌查良鏞和新娘杜小姐從彩花大轎車裡走出來，他白色西裝是嶄新筆挺的，頭戴着的巴拿馬禮帽也是白色呢製的，全白，看着很順眼……新人雙雙走進禮拜堂，他始終面帶微笑，時不時向客人點頭致意。杜小姐雙目顧盼，羞怯怯地迎臨着客人的讚美……這是他們經過兩年多相親相愛才換取得來的美好結局。」

過了幾天，金庸攜着新婚妻子回了香港。許君遠沒有想到，此後他再也沒有與金庸相逢過。

一九四九年，許君遠被調到《大公報》資料室工作，他只能從有限的幾份香港報紙上獲取金庸的訊息。三年後，上海《大公報》北遷，許君遠稱體力不支，留在上海，從此告別了心愛的新聞工作，轉入上海四聯出版社、上海文化出版社任編輯。

一九五六年秋天，中國人民大學新聞系派人到上海搜集教材，和許君遠討論新聞業務。他談了自己的經歷，並且應約寫成《我受了一次審》的文章，送《新聞與出版》刊登。文章以金庸為例，說明記者培養之難，一個記者要常識豐富，要熟悉業務，要具備採訪風度。在這前一年，金庸應羅孚舉薦，開始寫武俠小說，第一部武俠小說《書劍恩仇錄》在《新晚報》連載。這一年，《碧血劍》開始連載，金庸與梁羽生、陳凡（百劍堂主）在《大公報》開闢「三劍樓隨筆」專欄。

一九五七年，許君遠與徐鑄成、陸詒被定為上海新聞出版系統「三大右派」，從此成為文學史上的「失蹤者」。

一九六二年六月，許君遠全身癱瘓，並患肺炎，不久於當年九月九日病逝，年僅六十歲。

後來，金庸回憶往事，說：「在《大公報》工作時，翻譯主任楊歷樵先生教了我不少翻譯的訣竅。報紙主持人胡政之先生、前輩同事許君遠先生都對我有提攜教導之恩。可惜這數位恩師大都已經逝世，雖欲報恩而不可得了。」①

① 《探求一個燦爛的世纪（金庸／池田大作對話錄）》，北京大學出版社，一九九八，第一三〇頁。

從彼此神交到坦誠深交
——粵港老報人楊奇

從少年時執筆參加革命，到老年時仍戰鬥在報紙一線，楊奇辦過油印小報，也辦過彩印大報；在資本主義社會辦過報，也在社會主義社會辦過報。這位報業元老與新聞結下一生之緣，《明報》創始人金庸是他結交的一位黨外朋友。

楊奇評價金庸，他既是馳騁江湖的「武林高手」，又是褒貶時政的「報壇奇才」。

金庸與鄧小平的會晤是他一手策劃的一出好戲。

（一）

在未結識他之前，金庸的腦袋中對他已經有了一些「蒙太奇」式的畫面閃現：

一九四一年三月十二日，一名十九歲的青年人和介紹人、監誓人一道，坐在香港威靈頓茶餐廳的廂座裡進行入黨典禮。監誓人剛一說到「限於當前的境遇，我們不能掛黨旗，但你心中要有斧頭鐮刀……」，見侍應生端着咖啡牛奶走過來了，他只好頓時換話題：「你倆打算到哪裡去玩呀……」待侍應生走了，握拳宣誓儀式繼續進行。

一九四二年，喬裝成小學教師的二十歲年輕人，以一張漢奸報紙《南華日報》做保護，內裏一份遊擊隊的《進步報》，單身闖過日偽崗哨，坐火車到香港親朋處籌措辦報經費；

一九四九年十月十四日早晨，人民解放軍先鋒部隊已抵廣州市郊，又是他，二十七歲的香港《華商報》代總編纂，將一篇《暫別了，敬愛的讀者！》終刊詞發下排字房，然後神不知鬼不覺離開香港，坐船前往廣州，參與《南方日報》的創刊；

……凡此各種，正應了他的單名，奇！

楊奇是廣東香山人，生於一九二二年。一九四〇年畢業於香港中國新聞學院，並任《文藝青年》半月刊主編。一九四一年初，因揭露新四軍被國民黨突襲的真相，《文藝青年》被迫停刊。入黨後的楊奇接受黨組織安排到東江辦報。在東江遊擊區歷任《新百姓報》編輯、《東江民報》主編。

此時，日本法西斯發動太平洋戰爭，香港迅即淪陷，東江地區的形勢急劇變化。廣東軍政委員會決定出版一份代表司令部、政治部發言的機關報。楊奇奉命進入東江遊擊區擔當此任。就在日軍、偽軍、頑軍三面夾擊的環境中，《前進報》誕生了。報紙報道前方戰事，讓老百姓知道東江縱隊在東莞、寶安、惠陽等地，堅持抗戰反對投降，堅持團結反對分裂，支持進步反對倒退。

報紙同時刊登社論、專論，反映廣大軍民的共同心聲。

此時，一個輾轉於粵港呼喚着抗戰救國而辦報，一個流亡於內地躲避着戰火而念書，楊奇與金庸沒有逢面，互不相識，可此後幾十年的紙上神交卻是有着神奇的色彩。

二十世紀六十年代初，金庸主持的《明報》為紀念抗日戰爭勝利日，特闢專欄，記敘了楊奇潛伏香港的故事。

《虎穴搶救》一文是楊奇寫的，說的是當年他經歷的一場秘密大營救。

一九四一年十二月八日清晨，聖誕節的前夕，當人們正準備開始新一周的工作，忽然「隆隆」的飛機聲從港島的東北角傳來，隨之而來的是一陣劃破節日氣氛的空襲警報聲，戰爭降臨了。港督楊慕琦在黑色聖誕夜將英國管治了近百年的領地拱手相讓，日本人挎着刺刀邁着鐵蹄進入香港。

時任中共中央南方局書記的周恩來向廖承志、潘漢年等人發了多封電報，立即組織營救在香港的特殊「朋友」。當年「皖南事變」爆發後，國民黨頑固派掀起第二次反共高潮，國內幾無安身之地。在周恩來的安排下，眾多文化名人從桂林、重慶、昆明、上海等地轉移到香港。香港淪陷後，一時間他們危在旦夕。

一九四二年元旦前夕，中共香港工委秘書長楊奇接到的情報稱：由於港九的糧食、燃料供應匱乏，日軍決定近期疏散一批港九居民到內地去。「這是把文化人和民主人士搶救出港的好機會！」掌握到這一情報後，營救工作迅速鋪開。

日軍佔領香港後，立即封鎖了香港島至九龍的交通線，並在全市展開大搜查，逮捕抗日愛國人士。因此，營救工作的第一步就是突破日軍嚴密封鎖，打通從香港到九龍的交通線。但當時日軍在各個碼頭上都設置了監視哨，嚴密監視岸邊的一舉一動。為了防止人員駕船逃跑，還將大小艇駛離了岸邊。

就算是銅牆鐵壁，也要闖出一條救援通道！營救小組首先開闢了一條從銅鑼灣到紅磡的水上通道。不久，從九龍到東江遊擊區的陸上和海上交通線也建立起來了。

據楊奇回憶，撤離工作開始後，每天都有十多位文化界人士離開市區抵達九龍，「上岸之後，交通員把他們帶到九龍市區的秘密集中點去。這些集中點有普通住宅，有漂亮的洋房，有停了課的教舍，適應不同身份的人隱蔽」。

一九四二年一月六日起，大批「改頭換面」的文人，從駱克道出發沿着秘密打通的路線，趁銅鑼灣外巡邏日軍換崗的空檔，從維港潛入九龍。在遊擊隊交通員的護送下，混雜於回鄉的難民潮中，逃往內地。

一月十一日，化裝成難民的鄒韜奮、茅盾等一行二十多人，在交通員的帶領下，穿過九華徑到達荃灣，繼而北上進入大帽山區、元朗等地，沿途一直有武工隊提供武裝護衛和掩護。楊奇回憶，在荃灣附近，一行人曾險遭土匪打劫，幸而前方探路的武工隊及時發現，繳了五名土匪的槍。楊奇回憶說：大家睡的是稻草桿編成的「褥子」，吃的是「大鍋飯」。雖然生活清苦，大家的心情卻是舒暢的。『他們把烤番薯作為最好的午點，把紅片糖看作是土製「巧克力」』，吃得特別有滋味。」①

在元朗停留了一夜後，我方接待站幹部給鄒韜奮一行人每人發了一張難民回鄉證，然後再次組織分批上路，經元朗、過落馬洲、渡深圳河抵達皇崗村。此後，大部隊又從水圍村往北穿過寶深公路，再經過梅林坳，安全抵達羊台山抗日根據地白石龍村。

在各方共同努力下，經過前後六個月的緊張工作，中共粵、港黨組織和廣東人民抗日遊擊隊從港九地區勝利營救三百多名國內文化界知名人士和愛國民主人士，其中有何香凝、茅盾、鄒韜奮、柳亞子、胡繩等，加上其他人士總共達八百餘人。

作為少數健在的親歷者，楊奇撰寫的《虎穴搶救》一文，經過幾十年不間斷的增補求實，如

① 祁雷《粵港秘密大營救：一場最偉大的「搶救」》，《南方日報》，二〇一五年八月十八日。

今成為這段經歷的唯一歷史紀錄。

一九六七年八月十五日，明報記者採寫的《置之死地而後生》一文，敘說楊奇與《前進報》的故事。一九四三年，楊奇將《前進報》油印室設在厚街附近的雙崗村，編輯室則安排在厚街古老大屋內。楊過回憶：「厚街鎮內，偽軍很多，緊挨着我們編輯室這條巷子的那一邊，就住着成連的偽軍，中間只隔着一堵高牆，偽軍士兵的吵鬧聲和沐浴時的潑水聲，都聽得一清二楚。厚街與雙崗之間的聯絡工作和稿件的傳遞，是由一位機靈的『小鬼』和當地一位老太婆擔任的。就這樣，《前進報》在這裡出版了三個月，始終沒有被敵人發現。」

到了一九四三年十一月，日軍出動了久留米師團的一部，又糾集了駐守在東莞縣城、石龍、虎門等地的日偽軍共約八千多人，採用「鐵壁合圍」戰術，向東莞大嶺山根據地發起大掃蕩。隨後又對寶安地區進行了將近一個月的「一路圍攻」。與此同時，敵人還在它的「和平區」發動了「清鄉」。

「這時候，我們報社的處境十分險惡。當敵人在橋頭挨家逐戶檢查時，幸好房東及時通知，我們的伙計機智迅敏地閃入屋後的莊稼地裡，才化險為夷。在河田，我們也曾經從敵人的包圍下逃出，躲藏在荔枝園的樹梢上，避過敵人的搜捕。另一次，我們知道消息較遲，只好把油墨和印刷工具丟進魚塘裡，等到夜間才把它打撈上來。」楊奇說。

當報社匆匆撤出河田、橋頭之後，在唐尾厦村住了幾天，很快就接到政治部的指示，要楊奇將報社移到大鵬半島靠海邊的鵝公村去。他們從西到東，白天走路，晚上編報，足足花了半個月的時間。

《前進報》第五十期是一九四四年的新年號，這一期就是在路上編好、刻好蠟紙後請惠陽大隊油印室代印的。

《前進報》在東莞敵偽心臟裡堅持出報，始終沒有被敵人發現。楊奇考慮到報社的駐地日子久了容易暴露，決定撤出厚街。他們不敢住進村莊，而是在深山密林裡，把軍毡作為帳篷，把藤籃工具箱作為桌子，就這樣進行編輯、抄寫、油印工作。①

那個年代，楊奇潛伏在香港，負有多項使命。一離開報社，他就先回家換上一件套衫，那套衫與日常穿着兩樣，比較靚麗，裡面還披上一件英國「燕子牌」短褸。換好衣服，看門口沒有人盯梢、跟蹤，他才坐的士出門，充作「小老板」。由於在香港的文化名人和民主人士，有的扮成老板，與之陪同，他就當僕從，就是「小開」了。回到報社，他換上工作服，又是「報紙佬」了。

① 楊奇《走進敵偽心臟辦〈前進報〉》，《東莞黨史》，二〇〇五年第一期。

因為要跟港英官員打交道，不能老穿「土八路」的衣服，他在地攤上買了一套舊西裝，算是像一個窮文化人的樣子了。

抗日戰爭勝利後，楊奇到香港辦《華商報》。此時，由於華南地區被國民黨封鎖，「半個中國幾乎處於『聾啞』狀態，聽不到共產黨的聲音」。因此，《華商報》在解放戰爭時期承擔了重要的使命，但這卻是楊奇「最想方設法」辦的報紙。由於國民黨不讓工商界在《華商報》刊登廣告，報紙的運營非常困難，一九四七年，報紙甚至出現辦不下去的情況。當時，中共中央華南分局領導決定發動「救報運動」，並通過內部減薪，這張報紙才得以挨到解放。

也就在這時候，金庸在數千人參加的考試中脫穎而出，進入上海《大公報》，做編輯和收聽英語國際電訊廣播當翻譯。不久，《大公報》香港版復刊，金庸便南下到了香港。說也不巧，楊奇因調任《南方日報》副社長，於一九四九年十月離開香港到了廣州，參與創辦黨委機關報——《南方日報》。

一個進一個出，金庸與楊奇也就擦肩而過，不得相遇。

（二）

與金庸初次晤面時，談起創辦《羊城晚報》的經歷，楊奇顯得很興奮。《羊城晚報》一九五七年創刊，楊奇主持《羊城晚報》工作長達九年。

一九五七年是風雷激蕩、瞬息劇變的一年。這一年的四月二十七日，中共中央發出了《關於整風運動的指示》；七天之後，毛澤東主席還特地為黨中央寫了《關於請黨外人士幫助整風的指示》。為此，廣東省委在五月份召開了一系列的座談會，徵求各個民主黨派和各界人士的意見。座談會上，許多人都建議多辦一張報紙，為貫徹「百花齊放、百家爭鳴」方針提供園地。六月二十六日，廣東省委第一書記陶鑄對一百五十多名作家、戲劇家、美術家宣佈：接受黨外人士的善意批評，決意開闢一系列貫徹「雙百方針」的園地。接着，中共廣東省委根據陶鑄的提議，決定出版《羊城晚報》，並把這個任務交由南方日報編委會負責。

很快，《羊城晚報》編委會成立，楊奇任總編輯，與報人黃文俞、李銳等一起創辦《羊城晚報》。籌備小組很快達成三點共識：要敢於衝破照搬蘇聯辦報經驗的桎梏；要敢於擺脫黨委機關報那套辦報模式；要敢於吸取我國報紙力求滿足讀者需要的優良傳統。楊奇對他的屬下說：「我們的記者不要機關化，不要秘書型，要深入接觸社會，要善於獨立思考，才能寫出好的新聞稿來。」

《羊城晚報》於一九五七年十月一日橫空出世。頃刻之間，「晚報──晚報──新出籠的《羊城晚報》」的叫賣聲，響遍了廣州市的大街小巷……

在三個「敢於」的指引下，《羊城晚報》展露出與眾不同的新顏。一是新聞主攻──每天要有「獨家新聞」和「社會新聞」，先聲奪人，使讀者非看不可。二是副刊主守──副刊要辦得多姿多彩，還要有一兩篇連載小說，引人入勝，讓讀者追讀下去。

新聞版的《坐遊祖國》，以深入淺出的文字，提供新聞背景材料，包括當天電訊中有關國家的歷史、地理、風土人情，等等。《時事走廊》不斷創新形式，章回體的「時事演義」是其中的亮點。

楊奇建議：「廣東毗鄰港澳，關係十分密切，晚報何不開設一個專登港澳新聞的專欄呢……」於是，有了《港澳新聞》版，編輯拿來幾份香港報紙，摘摘抄抄，「炒」幾條港澳新聞。

《羊城晚報》從創刊起，有兩大副刊是全國報紙沒有的，一為文學副刊《花地》，一為綜合性、知識性、趣味性相結合的《晚會》，此外還有體育欄，以及一個表揚好人好事的《五層樓下》，雖然每次短小幾十字，卻微言大義，表揚之余，敢於批評，是人民群眾相互之間的和風細雨的批評。「五層樓」為古建築「鎮海樓」的俗稱，在廣州越秀山上。①

① 司徒炯昌《〈羊城晚報〉誕生記──訪創辦人之一楊奇》，《羊城晚報》，二〇〇七年十一月二十一日。

一九五八年，金庸已經離開《大公報》，在長城電影公司任編劇。初春，金庸來到廣州，楊奇與金庸第一次晤面敘談。

金庸說：「我經常看《羊城晚報》，想不到你們能夠出版這樣一張報紙。」他稱讚《羊城晚報》與眾不同，有特色，有品位。

楊奇謙虛道：「我跟你說句大實話，我們是學的《大公報》，要有一些憂國愛民之心，讓副刊也成為文人論政的用武之地。」

他說，當初籌備創辦《羊城晚報》的時候，看到香港《新晚報》先後刊登梁羽生的《龍虎鬥京華》和金庸的《書劍恩仇錄》，甚受讀者歡迎，因而決意邀請省文史館的胡希明撰寫《紅船英烈傳》，從創刊之日開始連載；後來又約《新晚報》總編輯羅孚撰寫了國際時事的《新三國演義》，也都一炮打響。

金庸說，在香港，機關報與在野派報紙並存，各種聲音百家爭鳴。他問楊奇：「香港的報業模式是否適合內地？」楊奇搖頭說：「如果全盤照搬，肯定不適合內地國情。」

一九五九年，金庸與沈寶新創辦《明報》，天天看內地出版的報紙。由於《羊城晚報》敢於擺脫當時的那套辦報模式，敢於吸取內地報紙既有社會新聞又有副刊的傳統，從內容到形式都與同時期內地的其他報紙不同，因而也就特別留意。

《明報》最初只是四開四小版的小報，內容主要是連載金庸寫的武俠小說，以及趣味性文章，很少新聞信息，楊奇當時對它還不是很注意。後來，《明報》改為對開四版，並且逐步擴張，增加了本港新聞和國際國內電訊，才逐漸成為香港大報之一。金庸寫的社論，不止文筆簡潔，而且很有個性，深入淺出，言之有物，既不受「起承轉合」的約束，更沒有洋八股的味道。

楊奇和金庸這兩位老報人，辦報環境不同，行事方法不一，卻有共通之處：回到民間，自覺在野。楊奇認為，《明報》是一張「文人論政」的報紙，值得學習和借鑑。所以，他與金庸互相欣賞對方所辦的報紙，這就為後來的交往打下了基礎。

後來，《羊城晚報》被「四人幫」污蔑為「放毒造謠的報紙」，在「文革」期間慘遭關閉，楊奇也被打倒。

（三）

一九七八年，楊奇奉派到香港，出任中央駐香港代表機構——香港新華社宣傳部部長、秘書長。

返港之前，楊奇曾經聽過中央主管港澳工作的廖承志所作的《關於當前形勢與華僑、港澳工作的報告》。廖承志列舉種種事實，尖銳地批判極「左」路線把港澳工作幾乎搞垮了，一再強調「必須採取措施清除極『左』的流毒」。

因此，楊奇到香港之初，首先對香港的新聞傳媒狀況做了調查，知道中文的日晚報有五十多家，期刊有近四百種。由於受到「文革」和「反英抗暴」影響，文匯、大公、新晚、商報、晶報等中資報紙銷量大幅下跌，覆蓋面不到百分之十。這使楊奇感悟到：在香港做宣傳工作，光靠中資報紙作為主力軍是不夠的，必須充分團結友報，形成主力軍與同盟軍協同作戰，才能使各個階層的香港同胞了解中央改革開放的新政策。

於是，他走訪了各家報社的主要負責人，包括《星島日報》的周鼎、《華僑日報》的何建章和李志文、《成報》的何文法和韓中旋、《明報》的金庸、《快報》的鄺蔭泉、《新報》的羅斌，以及在「反英抗暴」中被港英逮捕坐牢的《香港夜報》的胡棣周、《田豐日報》的潘懷偉等人。

約見金庸非常順利。那天，楊奇依約前往北角半山雲景道登門拜訪。寒暄過後，楊奇說：「大家喜歡你寫的武俠小說，我卻更加喜歡你寫的社論。今人寫古事，文人寫武功，固然很不容易；而你的社論，褒貶時事，實話實說，立論持平，一針見血，更是難能可貴。」

金庸說：「我主要是辦《明報》，寫武俠小說是副業。」金庸白天在家寫武俠小說，夜間在報社寫社論，已經成為生活習慣了。

兩人談起辦報，很快就取得共識：報人必須遵守職業道德，新聞必須客觀真實，社論必須公正持平，推動社會進步，決不可把報紙辦成危害公共利益的工具。

這次見面，兩人談了將近兩個小時，可以說是一見如故。告別時，金庸把自己的專用電話號碼告訴了楊奇，以便可以隨時找他。

從此之後，楊奇和金庸就經常交往了，彼此坦誠相待。

一九八一年，中共《關於建國以來黨的若干歷史問題的決議》通過了，神州大地開始清除極「左」路線的流毒。金庸和《明報》也就不再被指責為「反共反華」了。內地實行改革開放後，金庸也真心實意地在《明報》撰寫社論表示支持，這反而使得有些讀者覺得《明報》變了，甚至有人罵他「轉呔」（粵語，即「轉動方向盤」之義，引申為轉向）。金庸不以為然，解釋說：「我們講真話的方針沒有變，變的是中國共產黨的政策；他不對時我們反對，他變好了我們自然贊同。」

「文革」中，鄧小平幾經打擊，兩次復出，又兩次被打倒。金庸一再撰寫社論，強烈抨擊「文革」的種種倒行逆施，並且為鄧小平鳴冤叫屈。他稱讚「鄧小平如此剛強不屈，真令人敬佩」，還預言「人心所向，鄧小平終將東山再起，重返權力中心」。果然，鄧小平再次復出，帶領瀕臨經濟崩潰的國家走上改革開放的光明大道，受到全國人民的熱烈擁護。金庸在《明報》社論中寫道：「鄧小平有魄力、有遠見，在中國推行改革，令人佩服。真正的英雄，並不取決於他打下多少江山，而看他能不能為百姓帶來幸福。」

楊奇看到《明報》的社論之後，特意跑到金庸的家裡，就國內時局問題同他交換意見。金庸說：「我一直佩服鄧小平的風骨，如果有機會到內地，最想訪問的就是鄧小平。」此話並不是他隨口而說的。當天晚上，楊奇便向港澳工委作了匯報，並隨即為工委擬了一份電報，發給中共中央辦公廳並抄報港澳辦。很快，就收到中辦復電，說鄧小平願意與金庸見面。於是，楊奇代表新華社香港分社正式邀請金庸及其家人到北京拜會鄧小平，並且可前往自己想去的地方參觀。①

一九八一年七月十八日，鄧小平在人民大會堂福建廳會見了金庸和他的夫人林樂怡以及兒女。一見面，金庸便對鄧小平說：「我一直很仰慕您，今天能夠見到您，感到很榮幸。」鄧小平一臉笑容地說：「歡迎查先生回來看看。你的武俠小說我看過，我也是第三次『重出江湖』呵！」鄧小平自己點烟時，還抽出一支遞給金庸，這一下子就拉近了雙方的距離。接着，鄧小平告訴金庸：

① 鄧瓊《憶我與獨立報人查良鏞的交往——粵港老報人楊奇訪談錄》，《羊城晚報》，二〇一八年十一月十四日。

「上個月，我們召開了十一屆六中全會，通過了《關於建國以來黨的若干歷史問題的決議》。我們國家今後主要的任務就是：在國際上反對霸權主義；在國內以經濟建設為中心；完成祖國統一大業。」

在會見臨近結束時，鄧小平主動提到一九五〇年浙江省土改和鎮壓反革命中錯殺了查良鏞的父親查樞卿之事，查良鏞說：「人死不能復生，我父親的命運只是改朝換代中的悲劇，我也漸漸淡忘了。」

金庸隨即參觀訪問了北京、四川、新疆、內蒙古、上海等省區市以及長江三峽，歷時三十三天之後回到香港。隨後，《明報月刊》九月號發表了一篇《查良鏞和鄧小平的談話記錄》，以及通訊《中國之旅：查良鏞先生訪問記》。他寫了一封信給楊奇表示感謝，信中說：此次赴京及全國各地訪問，一切均照吾兄事先組織安排，順利無比。韓力兄妥善引導照料，各地旅行社賜予最佳待遇，弟及家人均感謝之至。」

查良鏞拜會鄧小平之後，同香港新華社的交往更多了。一九八四年十二月十九日，中英兩國政府關於香港問題的聯合聲明簽署後，香港進入回歸祖國的過渡時期；制定香港特別行政區基本法，便成為過渡期最重要的一項工作。這項工作，由國務院港澳辦主持，成立一個基本法起草委員會來做的。在醞釀香港方面委員名單之初，香港工委要楊奇去徵求金庸的意見，但金庸一再推辭，認為不便參加。

後來，楊奇告訴金庸：「基本法起草委員會大約有五六十人，其中香港方面的委員有二十多人，大多數是中間的持平人士，不僅有包玉剛、李嘉誠、霍英東、安子介、查濟民、黃麗松、馬臨，還有佛教聯合會會長釋覺光法師、聖公會港澳教區鄺廣傑會督也應邀參加了。所以，我認為：如果你也參加，應該不會引起誤解。」金庸聽後稍加思索，便說：「那好！我樂意參加。」

一九八八年七月，楊奇接替已故費彝民職務，任香港《大公報》社長。令他感動的是：上任之初，金庸因為知道他患冠心病，體內安裝了起搏器，寫信勸他要保重身體，其中着重說：「惟我兄畢生勞瘁，奮力奉公，致心臟較弱，今後事當劇繁，敬盼時時以『節勞』、『使能』為念，不必事事躬親，擇賢而督責之，覲其效否，定其獎退，總其大務而優遊從事，於報社及個人，均有利樂。過去日夜不休之習慣，務請有改。忝在知交，欣喜之餘，深以為念。」

有着金庸這樣一位黨外朋友，怎能不令楊奇感到快慰！

二〇〇〇年五月二十二日，廣東文藝界在廣州花園酒店舉行「金庸作品懇談會」，在發言中，金庸出人意料地主動說道：「我和廣東文藝界早有聯繫，尤其是和《羊城晚報》，關係密切，得到過楊奇先生的諸多鼓勵。這是我本人第一次向外說起。」

一九八一年十月十六日，金庸托楊奇轉給《羊城晚報》海外版一封信，一開頭就說：「貴版擬連載拙作《碧血劍》，盛意致感。貴報前總編輯楊奇先生是我知交好友，自無不允之理……」

楊奇於一九九二年離休，曾主編八十萬字的學術專著《香港概論》，甚獲好評；與另一學者唐嗚合撰《香港智力階級》一書，理論創新，引起廣泛關注。

二〇〇七年八月，楊奇獲中央駐港聯絡辦頒發「特別榮譽紀念證章」。

楊奇比金庸大一歲。九十歲時，有人給他寫信稱：「今年是您的九十大壽，應該做點『文章』……」他趕快覆信婉卻說：「我雖然從十九歲起就一直在黨領導下辦報，但是庸庸碌碌，愧無建樹……古人祝賀生辰，本意是增福添壽，實際上卻是預告生命越來越短，來日無多；既然如此，又何必為祝壽而『勞民傷財』呢！……」他的兒女知道後，則一再提出：既然不搞祝壽活動，您在遺囑中又聲明不設靈堂，不舉行任何告別儀式，不保留骨灰，那麼，何不把你在報刊上發表過的作品，選出一些結集出版？也好給兒孫和親友們留個紀念，或許還可以為粵港新聞史料提供一些註腳。後來由於羊城晚報報業集團的關注和支持，終於啟動了有關的編輯出版程序。

《泥上偶然留指爪：楊奇報刊作品選》於二〇一二年十二月由羊城晚報出版社出版。宋代詩人蘇軾寫給弟弟蘇轍的《和子由澠池懷舊》一詩中曰：「人生到處知何似，應似飛鴻踏雪泥；泥上偶然留指爪，鴻飛那複計東西。老僧已死成新塔，壞壁無由見舊題。往日崎嶇還記否，路長人困蹇驢嘶。」羊城晚報出版社曾經在二〇〇八年出版過一本「楊奇辦報文選」，書名《粵港飛鴻踏雪泥》，因而現在這本姊妹篇便以《泥上偶然留指爪》為書名了。

與金庸最後一次見面是二〇一四年十二月，楊奇去金庸家中拜訪。兩個老人見面晤談，自然格外興奮。像往常一樣，金庸總是臉帶微笑，態度誠懇。夫人林樂怡告訴楊奇：金庸飲食正常，睡眠安穩，只是講話聲音微弱，往往需要已照顧了他五年的護士「傳話」。一年多以來，他已基本封筆，但每天都要看書。告辭時，金庸坐着輪椅送到電梯前。

俠骨文心可見報人風骨
——大公報人李俠文

金庸突然辭職離開《大公報》，坊間一直傳聞，因為他與總編輯李俠文不和，後來《明報》與《大公報》交惡，似乎證實了這個傳言。然而，李俠文逝世後，金庸抱病參加追悼會，並且回憶兩人的交情，人們才恍然大悟，從《大公報》出走的全是好漢，金庸一直以曾經是大公人為榮。《大公報》與《明報》當年打得不可開交，金庸挨罵，李俠文及時喊「停」，顯露出一位大公報人的俠骨文心。

（一）

「我像記住自己的生日那樣，不會忘記一九四八年三月三十日這個日子。這是我第一次飛越過羅湖橋，踏足香港，去接受參與辦《大公報》任務的日子。」金庸說。

三月末的香港，風是溫和的，太陽是溫和的，有時候有點小霧，下點毛毛雨。在飛往香港的航班上，一位戴着眼鏡的青年人面色尷尬，翻遍自己的口袋之後，不知所措地望着舷門，坐在旁邊的中年人詢問道：「怎麼啦你？」年輕人答道：「來時太匆忙，忘帶錢了。」這樣他連下飛機後搭巴士坐渡輪的錢都沒有。中年人哈哈一笑，往自己的口袋裡掏錢，也沒有。這時，《國民日報》社長潘公弼掏出十元零錢，中年人接過手，「算我借的」，遞給了年輕人：「夠坐車了吧。」年輕人莞爾一笑，坐下了。下了飛機坐上白牌出租，他用帶着海寧鄉音的普通話告訴司機「去餐館」，司機卻帶他去了「差館」（警署）。

這位年輕人就是後來名震香江的武俠小說家金庸，那位給他解難的中年人是他的頂頭上司，編輯主任李俠文。

一年前，金庸辭職離開《東南日報》，從杭州到上海，報考《大公報》。負責口試的正是李俠文。李俠文對他的印象是文質彬彬，溫文爾雅，很少講話，一張國字臉常是笑眯眯的，討人喜歡。可是，《大公報》上海版剛剛恢復，金庸的板凳還沒坐熱，內戰的炮聲已經轟隆隆臨近，離上海越來越近。國民政府危在旦夕，便加緊了對新聞媒體的控制，以限制社會輿論。《大公報》的創業元老胡政之覺得，在內地已經難以維持原來的辦報宗旨，所以決定南下香港，希望在香江做出一番新事業，而查良鏞便是這南下的精英骨幹之一。

總編輯胡政之扶病前來香港，他表白心跡，要「將香港《大公報》的復刊視為自己事業的『最後開創』」。協助他從事這個開創的，還有隨他來港的費彝民、李俠文、馬廷棟、李宗瀛和金庸等。

李俠文長金庸十歲，是廣東中山人，一九三三年考入清華大學，修讀國際政治經濟，一九三八年在香港加入《大公報》，先後在香港、桂林、重慶、上海等館工作，最初也是國際時事翻譯，眼下是編輯主任。

那時候的香港，對比內地的上海，真是天上地下。上海灘當時是遠東第一大都市，在抗日戰爭未發生前，能夠與日本的東京較短長。而香港，在瘴癘叢生的嶺南之南，雖然已經被英國治理了一百多年，但是在面貌上還是趕不上江南的經濟之都。金庸到香港的第一眼，便有這種感覺。但是他又何曾能夠想到，自己將會在這裡度過人生的大半部分，而彼時不起眼的香港，也將會變成東亞的僅次於於倫敦和紐約的金融之都。

香港《大公報》在中環利源東街，是租用《新生晚報》的房子。無所謂編輯部和經理部，就那麼一間樓上臨街房子，白天是編輯部的日班人員和經理部辦公，夜間則編輯、譯電、校對、資料人員換班，有時還要加上夜晚歸來寫稿的記者，室內無轉身之地。一張桌子幾個人用，沒有一個人有獨用的寫字台，包括總編輯和經理，台上抽屜裝的物件，也分不清是誰的。排字房、印刷廠在樓下，也是租用《新生晚報》的。這種窘迫之狀，金庸倒並不吃驚。跟多數同人一樣，感覺可以自由痛快地說話編報，不須再做違心的事了。

不過，因為未婚妻遠在杭州，金庸還是希望能夠早日返回內地。

這段時間，金庸和李俠文同住在贊善里八號四樓，是報館的宿舍。贊善里位於香港堅道，橫街小巷，毫無特色。附近有點名氣的建築物只是一座中區警署。宿舍是再普通不過的舊樓，樓高四層，四樓連接天台，活動空間較大，「環境」算是最好的了。同住四樓的「大公人」，年紀最大的是謝潤身，人稱老謝；年紀最小的是金庸，大家都叫他小查。金庸就居住在走道裡，每天李俠文都要側着身子走過他的床邊。

金庸做的還是他的老本行，國際電訊翻譯。李俠文當時只有三十四歲，正當年富力強，精力旺盛，和上海《大公報》時一樣，分發稿件，看各版小樣、大樣；帶一位助手，主編要聞版。除寫社論外，每天還要寫兩至三篇短評，毫不覺累。

剛過一年，胡政之病逝，查良鏞寫了一篇題為《再也聽不到這些話了》的文章，其中一段話就是胡政之對小查、老謝說的。胡政之談到美國人，說：「膚淺、膚淺，英國人要厚實得多。你不要看美國現在不可一世，不出五十年，美國必然沒落。這種人民，這種行為，絕不能偉大。」金庸寫道：「近來看了一些書，覺得胡先生這幾句真是真知灼見，富有歷史眼光。」說的也是，像胡政之這樣的智者，思想敏銳，診斷往往超前，預測不會失準，只爭遲早而已。

李俠文升任總編輯，宿舍搬到了稍寬敞的半山區。這時他的生活方式有所改變。一般，上午在家用餐後，看書一小時，然後步行下山。他到報館後就翻看各種報紙，並佈置一些工作，然後應朋友之約，去咖啡館坐一小時，有時還要轉幾個地方，喝咖啡、談時局。那時，內地人去香港的很多，咖啡館中常能聽到廣東口音，偶然也能碰到一二熟人，他鄉遇故知，頗得其樂。

在一切順利中，也有不足。報紙所受的壓制、刪減，比上海時更嚴厲。當時報紙上不准出現「共產黨」、「國民黨」字樣，更不許寫「反蔣」，這是英港當局所謂保持「中立」。更不能批評英國的政策，連「帝國主義」四字都不許出現。在社論中常有成串成串的天窗，甚至還有全文被扣。這對英國人標榜的言論自由實在是諷刺。

這期間，李俠文常常向金庸等人闡釋「大公」二字：「忘己之謂大，無私之謂公。」這是《大公報》一脈相傳的辦報宗旨，也是《大公報》的企業文化，更是《大公報》邁向未來的傳家寶。

有一天，金庸向李俠文請假，悄悄說：「我有一位朋友在外交部任職，聽說正在招聘外交官，我想去找一找他。」

臨行時，李俠文頻頻囑咐，如果報考不順心，歡迎你立刻回來。

金庸北上應聘，接待他的是時任外交部秘書的喬冠華。喬冠華曾是金庸的朋友，他坦誠地對金庸說：「一個受過國民黨教育的地主後代，恐怕很難會被吸納。」並告訴金庸，如果真的很想來外交部工作，必須先受培訓，然後申請加入共產黨。金庸完全失望了，外交官的夢被粉碎了。

這是金庸最為關鍵的一次「塞翁失馬」，它改變了金庸一生的命運與前途，於是，他老老實實地回到香港。李俠文並不食言，那空缺的位置給他留着。

後來，《大公報》創立《新晚報》，金庸做了副刊編輯，寫作的事項五花八門，電影，戲劇，美食，乃至於芭蕾賭馬圍棋，無所不包，而金庸也無所不學。再後來，金庸開始連載自己的第一部武俠小說《書劍恩仇錄》，自此打開自己最為輝煌的一頁，此後一發不可收拾，一直到「飛雪連天射白鹿，笑書神俠倚碧鴛」寫完才算完結，再後來，他離開《大公報》自己創辦《明報》。

許多年以後，有人問他：倘若當年順利地進入外交部工作，你會是一種什麼樣的情景呢？

李俠文替金庸作了這樣的回答：「正常的話，他可以成為一位外交官，或被派往國外，當一名駐外使節。這雖然也可以為國家民族的外交工作作出貢獻，但這怎麼可以與今天的金庸的成就相比呢！從另外的方面猜測，他可能面臨一個接一個的災難，甚至是致命的打擊。金庸出身於官僚地主家庭，所受的又是國民黨的教育，以金庸在香港《明報》寫社評時關心國家大事，愛發議論的性格看，他能過『反右』這一關嗎？即使『反右』時僥倖過了關，又能過『文革』關嗎？那時，只有一個不斷受沖擊、瀕臨滅頂之災的查良鏞，何來金庸！何來他膾炙人口的十五部小說！何來他響當當的《明報》系列！何來億萬富翁！」

從一九四七年到一九五七年，金庸曾經在《大公報》整整工作十年。這十年，對金庸來說無疑是寶貴的，在這裡，他聆聽了許多《大公報》前輩的教誨，尤其從胡政之到李俠文的言傳身教中，金庸見識到大公人的風骨。

（二）

後來金庸離開《大公報》，先到了長城影業公司做了一陣子，然後做出了影響他一輩子的決定：自己辦報。報紙的名字就是後來被稱之為香港《泰晤士報》的《明報》。

二十世紀七十年代以前，香港報紙成為眾多政治力量的角逐場，被港人大致劃分為左、中、右三個派別，其中《大公報》、《文匯報》、《香港商報》為代表的媒體因其親北京立場（甚至由北京直接創辦或接管），因此被稱為「左派報紙」。

《明報》創立之初，定位不過是娛樂服務型的小報，後來被時勢推動，逐漸發展成為香港的一家頂級報紙。《明報》當然不等於金庸，但很大程度上，《明報》的成功就是金庸的成功。有趣的是，《明報》發展最大的契機，恰恰是金庸與「老東家」《大公報》的論戰。

論戰發端於一九六一年的「人潮事件」，正是內地三年困難時期，飢民遍野，農村中有的地方樹皮、草根、野菜都被吃光了，成千上萬的人餓死。廣東省靠近香港，對於掙扎在飢餓和死亡邊緣的老百姓來說，偷渡來港自然成了他們的夢想。從這年二月起逃亡潮漸漸形成規模，每天有數以萬計的人湧入香港。對香港來說，這是一個很大的社會問題。當時，以《大公報》為首的左派報紙達成了默契，對於相關事件不予報道。金庸出身《大公報》，雖然已經離開，還是和左派報紙保持了良好的關係，而且左派陣營中朋友眾多，報道相關事件會得罪不少朋友，金庸決定置身事外。

但是，事態的發展讓他很難面對這麼重大的事件而視而不見，當然，更重要的原因是當年從胡政之那兒接受的思想開始在他內心慢慢抬頭。他決定，不僅報道相關事件，而且積極組織人道主義援助。不僅如此，他還旗幟鮮明地批評大陸當時援助非洲糧食的政策，認為當老百姓還沒有糧食吃的時候，卻拿出大量糧食援助外國，實在不合適。此後，金庸還陸續發表文章批評大陸的大躍進、浮誇風，並因此與曹聚仁論戰。這一切，都加深了他與《大公報》之間的隔閡，不過，雙方的矛盾並沒有公開。

一九六三年的《明報》，已經四歲了，創業初期的艱難已然挺過，報紙憑借金庸的武俠連載、生動活潑的專欄以及言之有物的評論，開始在香港報業市場上嶄露頭角。此時，金庸等待時機，《明報》要鋒芒畢露了。

恰在這年十月，副總理兼外交部長陳毅在北京接見日本記者團時，發表了這樣一番講話：「帝修反有原子彈、核子彈，了不起嗎？他們如此欺侮我們，他們笑我們窮，造不起，我當了褲子也要造核子彈！」陳毅的這番話，顯示的不僅是當政者的意願，即令一般民眾也感到歡欣鼓舞。然而，陳毅的話音才落，《明報》就發表了一篇社論，題目是《要褲子不要核子》，不但觀點與陳毅針鋒相對，而且用語尖銳，毫不客氣。文章寫道：「中央一位負責首長居然說到『即使中國人民全部無褲，也要自擁核子武器』，這句話在我們聽來，實在是不勝憤慨。一個政府把軍事力量放在第一位，將人民的生活放在第二位，老實說，那絕不是好政府。我們只希望，這只是陳毅一時憤激之言，未必是中共的政策。不知陳毅是否了解，一個人民沒有褲子穿的國家即使勉強製造了一兩枚原子彈出來，這個國家也是決計不會強盛的，而這個政府是一定不會穩固的。」緊接着是一連串的質問：「中共製造原子彈，不知是什麼用處？能去轟炸美國嗎？能去轟炸蘇聯嗎？當這些光屁股的人民造起反的時候，能用原子彈將他們一一炸死嗎？當英法聯軍攻打蘇伊士運河時，英國早已擁有核子武器，但蘇聯一聲恫嚇，說要以飛彈轟炸倫敦，英國只好乖乖地收兵。中國再努力十年，也決計趕不上英國在攻打蘇伊士運河時的核子成就，請問幾枚袖珍原子彈，有何用處？還是讓人民多做幾條褲子穿吧！」

出乎金庸意料，這篇社論在左派報紙中激起強烈憤慨。一九六四年十月成功製造出原子彈時，從上到下，更是一片歡騰。在這樣的時代背景下，寫作這篇社評的金庸，當然也難免被劃入敵對的陣營，顯得格外不合時宜。此時，香港五大左派報紙《大公報》、《文匯報》、《新晚報》、《商報》、《晶報》迅即展開了對《明報》的批判。一時間，「漢奸」、「走狗」、「賣國賊」、「造謠生事」、「反共反華」、「親英崇美」、「背叛民族」等大帽子劈頭滾滾而來。一時間「紅雲壓報」，大有不把金庸和《明報》罵跨誓不罷休的架勢。

《明報》雖然孤軍應戰，他的對面是強大的左翼報紙陣營，但金庸沒有低頭，他在社評中逐一還擊、反駁。十一月二日，他發表《我們關於褲核問題的十點立場》社評，再次重申了他的觀點。為了反擊左派的圍攻，有一天他甚至不惜以《明報》的全部版面，闡述對「核褲論」自始至終堅持的立場。從一九六四年十一月二十七日起，《明報》每天都在頭版頭條位置發表《敬請〈大公報〉

指教和答覆》的一系列反擊文章，包括核子與褲子問題，人民公社問題，要不要向外國輸出糧食問題，要不要民主自由問題，修正主義問題等等，清楚闡明《明報》自始至終堅持的立場。

第二戰就更殘酷無情了，因為金庸在《大公報》時的親密搭檔陳凡也捲入其中。

一九六四年十月二十二日，因為《明報》刊登邵氏兄弟（香港）有限公司影片《血手印》的宣傳廣告中，有一些血淋淋的嚇人詞句，同時漏印了「廣告」二字，而被人誤以為是新聞，《大公報》抓住這一把柄發起連番炮轟，指責《明報》發表「妖言和妖術」言論，連續發表陳凡（「張恨奴」）等《明報的妖言和妖術》、《再談明報的妖言和妖術》、《略揭最惡毒反華的明報的畫皮》、《明報主筆的罪惡》、《明報何以妖言惑眾》、《光榮輪不到這些人頭上》等大批文章，攻擊《明報》和金庸，還翻出了「核褲論」的老賬，指責他「造謠生事，大發反華妖論」。從一開始《大公報》單獨叫陣，到後來《文匯報》、《新晚報》、《商報》、《晶報》、《正午報》、《香港夜報》、《新生晚報》等聯合出擊，向《明報》展開了新一輪的圍攻。

當年《大公報》有稱「三劍」，是陳凡、梁羽生、金庸。陳凡以《大公報》副總編身份分管副刊，金庸和梁羽生則是他手下的副刊編輯，後來三人合寫「三劍樓隨筆」專欄。「十年萍散」，陳凡當年送給金庸的詞，無論從金庸和《大公報》的關係還是從金庸和陳凡的關係來看，都像是一語成讖！巧的是，金庸的《倚天屠龍記》正好就連載在這個時間，想一想張三丰和少林寺之間複雜的恩怨情仇，想一想小說中少林寺的種種人物、故事，金庸自然會生出新的感受。

在這場筆戰中，《大公報》做了《明報》的義務宣傳員，不僅大大提升了金庸在報界的身價，而且大大提高了《明報》的發行量，從筆戰前平均每天六二〇七五份，到一九六四年十二月十日達到七〇五一六份，當然，與自己過去的東家、朋友，且在《明報》創刊之初曾予其很大幫助的《大公報》激戰，令金庸十分難堪。當時他正在寫作《天龍八部》，在小說中他借主要人物之口表達了自己的悲愴感受。金庸寫了《有什麼不對，請原諒》，不無遺憾地說道：「你們辱罵《明報》的口氣很惡毒，用的字眼很難聽，我們完全沒有回敬。然而，我們的語氣和辭句，還是有許多不夠有禮貌、不夠忠厚的地方，這一點，請你們原諒。」

儘管有遺憾，金庸卻有意外驚喜：報紙發行量一再翻番，躍居《大公報》之上，可謂異軍突起，成為香港舉足輕重的大報之一，經常賣到斷市。作為商人，金庸開始日進萬金。

令人不解的是，發起論戰的左派報紙戛然收兵，燃燒正旺的烽火突然熄火了。原來，《大公報》總編輯李俠文在說服阻止，並及時向香港左派文化陣營傳達了北京的聲音。被金庸炮轟的陳毅元帥，與中共領導下的香港左派新聞戰士抱有大相徑庭的立場。他首先堅持中國製造原子彈的立場沒錯，因為赫魯曉夫和美國都在看中國笑話，認為中國很窮，科學又不發達，怎麼搞得起原子彈？「搞個雞蛋出來看看吧！」他們這樣嘲笑中國。在陳毅看來，中國原子彈爆炸成功，能夠「叫他們清醒清醒：瞧不起我們中國人、欺侮我們中國人的時代已經過去了，是美國蘇修逼我們上梁山的。」接着，話鋒一轉，陳毅承認，作為副總理兼外交部長，自己一年前講的當了褲子也要造原子彈的話，確實有點片面性和絕對化，因為穿褲子還是最重要的事。他說：「老百姓吃不飽、穿不暖，有什麼民族尊嚴呢？國家的安全有什麼保障呢？我們共產黨有什麼偉大、光榮呢？再說，有了核子，沒有褲子又怎麼打仗啊！」

李俠文後來透露，是他通過內參向陳毅報告了這事，陳毅才知道自己被金庸點名批評了，「他（金庸）向我這個吵架出名的外交部長叫戰了！」

陳毅認為，《明報》的社評有一半是對的，但「不要核子」這句話也有片面性，也是絕對化。隨即，李俠文傳達了陳毅元帥的指示：「請香港新華社對《明報》的那個查良鏞先生高抬貴手，他說寧要褲子還是想到人民的，不錯的麼。」李俠文通知各方停戰，不要難為金庸。①

塵埃落定，李俠文檢討當年的那場論戰，帶着幾分愧意，對下屬說：「其實，《明報》的立

① 楊莉歌《金庸傳說》，香港次文化堂，一九九七，第九九九頁。

場就是《大公報》『不黨不賣不私不盲』的方針，金庸身在《大公報》十餘年，耳濡目染，深得奧秘，而我們自己丟開了這個方針，盲了，黨了。」「他（金庸）是不畏強權，敢於講出人民的心聲。」

（三）

李俠文曾任第五、六、七、八、九屆全國政協委員，一九八八年出任大公報董事長。李俠文學養深厚，愛憎分明，筆下千鈞而又文采斐然，素為香港傳媒界所敬重。

李俠文年輕時便投身愛國新聞事業，在大公報服務的半個世紀中，不論環境如何困難複雜，愛國立場始終不變，為宣傳祖國建設成就、團結香港各界人士起到了重要作用。

李俠文有位朋友叫潘靜安，是個神秘人物，長期擔任中共中央調查部駐港負責人，是周恩來的心腹。當年許多大人物都要靠近他，倚賴他。現在港人國人，對這個名字卻非常陌生，偶聞其名也印象模糊。李俠文與人談起，說：「潘靜安是共產黨幹部中的稀有品種，可以說是絕種了。」①一九四九年國民黨大勢已去，潰敗前夕，兩航（原中央航空公司、中國航空公司）大部分飛機及

① 許禮平《事了拂衣去，深藏身與名》，《縱橫》，二〇一四年第十一期。

器材留在香港。一九四九年十一月九日，七十一架飛機在兩航經理率領下北飛，當天全部在北京西苑機場降落。周恩來曾盛讚：「這一行動的重大意義和影響，抵得上二百萬大軍，大大縮短了全國解放的進程。」而在這次起義中起到重要作用的正是潘靜安，他協助保護了國家在港的大批資產。新中國成立前他曾擔任八路軍駐港辦事處的機要通訊和秘書工作。

金庸與鄧小平的會晤，是由香港大公報原社長楊奇策劃後，由潘靜安和李俠文共同牽線的一出好戲。金庸多次向《明報》同人介紹潘靜安，竭力推薦閱讀他的《香港荷里活道談往錄》，誇他是「香港的活字典，他對香港的歷史淵源、人文典故了如指掌，講起來娓娓動聽，如數家珍」。

九十六歲的李俠文於二〇一〇年一月十二日在香港逝世。當時，金庸患上感冒，已多時在家休息沒有外出，接到該報成立李俠文追悼會的函件後，其家人表示，擔任籌委會副主任委員就可以了，追悼會就不要參加了。但金庸不同意，他說，我要去給俠老鞠個躬，在一位女護士和一位男助手的陪同下來到追悼會現場。會上，金庸因精神欠佳而沒有上台發言，但在座位上仍向大公報員工憶述了當年和李俠文共事的經過。

金庸說：「我在上海《大公報》和香港《大公報》與俠老先後兩度共事，前後共十二年，那時，我任翻譯、編輯，俠老是編輯主任，是我的上司。我把稿件標好題後給他看，他有時會修改一下，俠老的水平是很高的。」

李俠文生前所藏書畫文物及其個人書畫作品已全部捐贈香港中文大學文物館，藏品目錄畫冊分贈與會人士，金庸拿着畫冊一直沒有放手，對李俠文畫的嶺南派翎毛花卉及仿黃賓虹「積墨」山水更用心細看，稱讚不已。

金庸梁羽生的「催生婆」
——「間諜報人」羅孚

中央編譯出版社為《羅孚文集》加的腰封寫着：「金庸梁羽生的催生婆」，話一點沒錯。生第一個孩子總是比較艱難的，需要催生婆，生完第一個，後面就順了，可以接二連三地生。「沒有羅孚就沒有金庸，沒有羅孚就沒有梁羽生」，這句話是真的，羅孚是新派武俠小說的「催生婆」。

羅孚曾是《新晚報》的總編輯。沒有羅孚的欣賞和提攜，金庸的文學道路也許真要大大改變也未可知。文人之間，形成這麼深厚情感的並不多，羅孚與金庸幾乎可作為一個典範，一段傳奇。

金庸的《明報》與他的原「東家」《大公報》有過曠日持久的論戰，羅孚明鬥暗助，落了個「間諜報人」的名聲而離開香港十年。晚年，他寫了《金色的金庸》一書，誇獎金庸。

（一）

羅孚是金庸的舊上司，這個上司有點兒神秘。

羅孚的神秘，源於他特殊的人生經歷。他原名羅承勳，一九二一年出生於廣西桂林。一九四一年，二十歲的羅孚在桂林加入《大公報》，一幹就是四十一年。這份中國現代歷史上最具影響力的報紙成就了羅孚，也是其走上革命道路的平台，從這裡起步，開啟了一個知識份子與革命政治漫長的蜜月與糾結。一九四七年在重慶，他與「江姐」有過文緣，暗地裡參與江竹筠領導的中共地下黨刊物《反攻》的創辦和編輯。

新中國成立後，羅孚作為當時《大公報》唯一的中共黨員繼續留在香港從事宣傳和統戰工作，曾主編過《大公報》、《文匯報》的文藝副刊。

《大公報》子報《新晚報》初創時，羅孚任總編輯，出於對陳文統和查良鏞文筆的欣賞，便將他倆攬到了自己手下。

羅孚認為，《新晚報》是以「知識性、趣味性」立足香港報業市場的，有了好文彩的筆頭才有好看頭的報紙。因而，他的手下「唐宋金梁」最為有名，唐是筆名唐人的嚴慶澍，著有《金陵春夢》，宋是筆名宋喬的周榆瑞，著有《侗衛官雜記》，金是筆名金庸的查良鏞，梁是筆名梁羽生的陳文統，梁金開創了新派武俠小說。這四人的作品在《新晚報》上連載，成為該報的銷售利器。

一九五四年一月中旬，香港太極派掌門人吳公儀和白鶴派陳克夫因門戶之見發生爭執，互不相讓，最後二人同意擂台比武，以分高下，雙方還簽下了「各安天命」的生死狀。因為香港禁止擂台比武，所以地點設在一水之隔的澳門。此事在香港引起很大的反響，有八九千乃至一萬人赴澳門等候開場，不僅成為街談巷議的熱門話題，也是當時報紙爭相報道的題材，《新晚報》幾乎每天都有相關報道。一月十七日下午，這場引人注目的比武在澳門新花園拉開帷幕，兩派高手在擂台上只打了短短兩個回合，吳公儀一拳擊中對方鼻子，陳克夫血流如注，因兩人都舉腳過高犯規，判為不勝不負。但是，比武所引起的轟動卻是罕見的，各種報紙更是大肆渲染，當天的《新晚報》出「號外」，報道比武結果，一出市就被搶售一空。

武林高手比武觸動了《新晚報》總編輯羅孚，他腦海中閃過一個念頭，既然市民對比武的興緻如此高漲，何不趁熱打鐵在報紙上推出武俠小說連載，以滿足「好鬥」的讀者來擴大發行量呢？《新晚報》從來沒有登過武俠小說，羅孚便找陳文統商量。一月十九日，即比武結束的第三天，《新晚報》就在頭版顯著位置刊出了「本報增刊武俠小說」的預告。二十日，《龍虎鬥京華》就在「天方夜譚」開始連載了，「梁羽生」由此誕生。這是陳文統的處女作，也是他的成名作。報紙一出，同事們就已圍在一起看，查良鏞也大讚「好看，很精彩」。

梁羽生的《龍虎鬥京華》一共連載了七個月，跟着是《草莽龍蛇傳》引起了意想不到的熱烈反響，《新晚報》銷量大增，大有洛陽紙貴的勢頭。羅孚喜上眉梢。

擂台比武以太極派打得白鶴派鼻子流血而告終，而迷亂命運的轉彎，也就是在不經意的一瞬間發生。一九五五年二月初，羅孚和「天方夜譚」的編輯忽然找到金庸，緊急向他拉稿，說梁羽生的《草莽龍蛇傳》已登完，必須有一篇「武俠」頂上。此時梁羽生正在北方，與他的同門師兄「中宵看劍樓主」在「切磋武藝」，所以必須有人頂替寫武俠小說。可是，金庸從來沒寫過武俠小說，甚至任何小說也沒有寫過，所以遲遲不敢答應。

羅孚一而再、再而三地鼓勵他：「拳師在比武，有勇則贏，你寫武俠小說陪武，也要勇氣的。」那親切的笑容、誠懇的態度使他難以推辭，查良鏞便答應下來了。「於是一個電話打到報館，說小說名叫《書劍恩仇錄》。至於故事和人物呢？自己心裡一點也不知道。羅孚很是辣手，馬上派了一位工友到我家裡來，說九點鐘之前無論如何要一千字稿子，否則明天報上有一大塊空白。就請這位工友坐着等我寫，那有什麼辦法呢？於是第一天我描寫一個老頭子在塞外古道大發感慨，這個開頭下面接什麼全成，反正總得把那位工友先請出家門去。《書劍》的第一篇就是這樣寫的。後來情節慢慢發展，假如第一天寫得豁邊，第二天馬上想法子補救，東拉西扯，居然讀者們看得還有點興趣。」①

① 金庸《書劍恩仇錄·後記》。

《書劍恩仇錄》橫空出世，查良鏞的「鏞」字一分為二，「金庸」由此誕生。

用羅孚的話說，那場擂台「一拳打出了從五十年代開風氣，直到八十年代依然流風餘韻不絕的海外新派武俠小說的天下」。金庸由影評轉而武俠，一發不可收，而其起始，羅孚功不可沒。

這話一點沒錯。生第一個孩子總是比較艱難的，需要催生婆，生完第一個，後面就順了，可以接二連三地生。金庸「生」了十五個，梁羽生呢，「生」了三十五個。

羅孚說：「金梁並稱，一時瑜亮。也有人認為金庸後來居上。這一步，大約是兩年。」指的就是這一段時間。羅孚曾回憶說，香港人是怪，在金庸武俠風靡香港的那個年代，街頭巷尾的人「談到正事，談到政事，也往往要引用金庸武俠小說裡的人和事來教訓。彷佛那些武俠小說，都是現代社會的《資治通鑑》，而且他們談得非常正經」。①

羅孚不但催生了新派武俠小說，還催生了最早的對新派武俠小說的評論。內地「文革」前夜，羅孚在香港創辦了文藝月刊《海光文藝》，這是一份不分左右兼收並蓄的文學期刊。當時的金庸，已經脫離《大公報》，自創《明報》，且政治立場與辦報理念與左派的《大公報》、《文匯報》迥異其趣，特別是，《明報》與左派報紙曾經爆發過曠日持久的激烈論戰，儼如敵國，不相往來。

① 莆實《金庸傳奇香港和遼闊江湖》，《三聯生活周刊》，二〇一七年七月十二日。

鑑於武俠小說不登文學殿堂的現實，羅孚決定找人寫梁羽生與金庸武俠小說的合論，以滿足讀者的興趣，提請人們重視武俠小說。

羅孚讓梁羽生寫，梁羽生說：「哪有自己評論自己的？」羅孚說：「可以化名，不署自己的真名。」梁羽生答應了，但提了個條件：「如果有人追問，你得替我擔當起來。」羅孚同意了。這樣，一九六六年一月，近兩萬字的《金庸梁羽生合論》便在新創刊的《海光文藝》上連載，署名「佟碩之」。這篇評論實事求是地分析了兩人各自作品的特色和優缺點，是最早的對新派武俠小說的評論文章。

幾日後，《海光文藝》刊登金庸的短文《一個「講故事人」的自白》，含蓄地對梁羽生的批評提出了辯駁。

後來，有人將此兩篇文章視作「金梁筆戰」，羅孚為此寫了《兩次武俠的因緣》一文，反駁了坊間的「金梁失和論」。他說：「當時文章（指《金庸梁羽生合論》）是我提議寫的，讓梁羽生執筆。他說我不好寫自己啦，我說那你用化名吧。寫這篇文章的時候，就有人說梁羽生，『你不該寫這篇文章，要是寫了，將來死無葬身之地！』那時候金庸辦《明報》是『大右派』，但這篇文章大部分是『捧』金庸的，這是犯大錯誤的。但梁羽生還是寫了，未料到當時沒怎麼惹政治上的麻煩，卻在幾十年後成了他『貶金庸褒自己』的一個罪證。」羅孚透露，金庸的回應文章也是他所約，為了「做一個清清淡淡的回應」。

當年，羅孚主持的《大公報》副刊《新晚報》有聲有色，不僅促使金庸、梁羽生的武俠小說大行其道，也讓更多優秀作家如聶紺弩、葉靈鳳、董橋、巴金、周作人等一大批作家的作品得以發表，從而人所皆知。

金庸後來離開了《新晚報》，創辦《明報》，由小變大。羅孚看着高興，說：「《明報》的成功，不是金庸一人的功勞，也畢竟是他一人的功勞。」在為《明報》前雇員石貝的《我的老板金庸》一書作序時，羅孚對金庸開創《明報》事業的過程，有這麼一段話：「武俠小說的流傳初期是依靠報紙的連載，他（指金庸）就想到要依靠武俠小說來辦報，為報紙打開銷路，就創辦了《明報》，以他自己新的武俠小說做號召，用每天的連載來吸引讀者。武俠，加上別的手法，《明報》終於在劇烈的競爭中站得住，站得穩，從一份小報發展成為一份有影響力受到讀者歡迎的大報。」

羅孚是金庸的老朋友，這個老朋友有點兒奇怪。

金庸離開《大公報》自創《明報》。不久，那場政治風暴波及到香港，兩報便分成了兩個對立的陣營。那個時期，羅孚與金庸，在公開場合是論爭對手，私下裡卻是親密朋友。親密歸親密，機密還是機密，羅孚的地下黨身份，金庸一直被蒙在鍋裡。羅孚在統戰工作上的活動，雖然靜悄悄，但卻同樣風雲滿袖，緊鑼密鼓。中共當年在香港統戰工作的重點，一方面是對台灣、對國民黨工作，另一方面是對香港的上層人物，特別是民族資本家和金庸等類型的媒體人，則是他努力團結的對象。那時的羅孚，經過多年歷練，開始變得活躍，喜交朋友和喝酒，常與文人聚會，高談闊論。報館附近的一些北方餐館是南來文人的聚會之所，羅孚常邀金庸在此共餐。

據羅孚幼子羅海雷撰文回憶，在二十世紀七十年代，羅孚與金庸的聯繫很多時候是秘密的，一般在金庸家裡見面，每個月至少一次，羅孚去找他。當年金庸創辦《明報》時也通過羅孚與新華社打過招呼，希望以《大公報》中庸之道作為經營方針，但在一九六一年因內地發生三年自然災害，飢民「大逃荒」，《明報》無法保持中立立場，與《大公報》關係才開始緊張。「文革」初期好長一段時期，《大公報》與金庸論戰，罵金庸的人可不少，甚至說他拿了美國新聞處的錢，

（二）

但羅孚主持的《新晚報》從來沒有與金庸筆戰過。金庸說：「後來我去辦《明報》了。在政治上和《大公報》處於對立的位置。但《新晚報》編輯部的諸位舊友仍和我很好，沒有敵對，包括羅孚兄、文統兄等人，不過平時也較少來往了。」①

由於經常涉及敏感問題，觀點尖銳，立場鮮明，《明報》在金庸主政時踢爆了不少火藥桶。當時，「左」派發飆，金庸甚至被一些人罵為「豺狼鏞」，列為第二號要殺的人，他才不得不去新加坡避難。作為中共地下黨的骨幹，身負香港文化新聞界統戰使命的羅孚，暗地裡與金庸保持着聯繫。金庸也曾說過，因為林彪事件，他特意到羅孚家求證，結果得到一個不小的獨家新聞。《明報》以「林彪謀反內幕」為標題，以特別醒目的手法，在第一版連續刊登了五天，引起了讀者的關注。

羅孚十分讚賞《明報》「大事不糊塗，立場很鮮明」，「金庸的『中立』其實是有原則的，愛國，為人民」。中蘇交惡，金庸一直稱頌毛澤東和中國的立場。他在一九六九年三月五日的社評《這次要讚一讚中共》說：「中共以強硬態度對付這北方之熊，那是好漢子的行徑。」一九七六年九月十日，他在《毛澤東去世》社評中說：「他對於中國國家人民的功過，則依各人的政治立場，而會有截然相反的看法。但有一件大功勞，全國人民都必須承認，那是他領導中國，堅強不屈的

① 金庸《痛悼梁羽生兄》，《明報》，二〇〇九年二月一日。

抗御蘇聯對中國的侵犯。自從開始對蘇聯鬥爭以來，他這堅決反蘇的立場始終沒有絲毫動搖。」

金庸一直主張兩岸統一，反對台獨，反對「兩個中國」。一九六四年一月二十三日法國與中國大陸建交，到二月十一日半個月中並沒有與中國台灣當局斷交，他在一月二十九日、三十日、三十一日接連發表《法國正式搞「兩個中國」》、《法國「陽謀」，天下共見》、《一個中國，兩個政府》等社評。讀了後，羅孚拿了報紙給《大公報》總編輯李俠文看，說：「他（金庸）是敢講真話，一個不會怕死的人。」

羅孚的一生，做了許多事情，也有許多成就。報人，似乎是他的主業，也是他一生唯一的公開職業，但他一生中付出最大精力和對他影響最大的工作，也可以說是他最重要的職業，卻是那個後來被稱為「間諜」的職業，準確地說，是中國共產黨的地下工作者。他的「間諜」生涯的一大業績，是拉攏和保護了金庸之類的「大右派」。羅孚入黨的監誓人是黄作梅，黄作梅是香港土生土長的共產黨人，也是新華社香港分社的創辦人之一和第二任社長，也與金庸友好。

羅孚的個子不高，他說，金庸的頭極大，張徹、古龍，這三個大頭的朋友，頭都大得異乎常人，事業上也各有成就。和這三個大頭朋友在一起，常有一種極度安全感：就是天塌下來，也有他們頂着！

二十世紀五十年代至八十年代，內地文化動蕩，可謂刀斧溝壑，相較而下，香港無非杯水風波。這樣平淡的命運，除了白領財經，簡直沒的可寫。羅孚的文字——《風雷集》（一九五七年）、《西窗小品》（一九六五年）、《繁花集》（一九七二年）不遺餘力地為主旋律謳歌，似乎還有那麼點風花雪月。有人稱他是香港左派文化陣營中的一支健筆，他說：「四十多年來我寫了不少假話、錯話，鐵案如山，無地自容。」蕭乾評論說：「這是巴金《真話集》問世以來，我第二次見識這樣的勇氣，這樣的良知，這樣的自我揭露。」是畫魂之謂。

這時期，羅孚以絲韋、辛文芷、文絲等筆名，著有《南斗文星高——香港作家剪影》、《燕山詩話》、《西窗小品》等，編有《聶紺弩詩全編》、《香港的人和事》等，被廖承志稱作「羅秀才」，活躍於文學界、新聞界。羅孚說：「看人看事看他們是看熱鬧，人和人打交道，可以衍化出無盡的命運機緣。勢態有點像金庸和梁羽生下圍棋，擺佈的幾顆棋子，初看時漫不經心，煞尾時卻命運攸關，高下立判。」

（三）

一九八二年，北京文化界忽然來了一位香港異客，他是羅孚，年紀五十有餘，不時來往於香港與內地之間，今天在這個場合看見他，明天又在另一個會議上見到。來了，就與相識者招呼，並在不遠不近處坐定。他不記錄，也很少發言，與鄰座耳語時，態度也是不卑不亢的。他這次不是住飯店賓館，而是郊區一幢普通的民宅，似乎有長住的跡象。

其實，羅孚遭遇的撲朔迷離的「間諜案」，如今不再諱莫如深，且已輪廓昭然：當年他與金庸這個「大右派」秘密交往，是出於黨的統戰工作的需要，保護金庸也是保護香港的未來。

羅孚之女羅海呂透露了一件她默守了四十年的秘密：「一九七二年夏季的某天，母親跟三個男孩說，翌日下午放學不要回家，父親在家裡要和朋友見面。那時羅海呂只有十二歲，父親允許她回家，但要求她待在房間做作業，令她有幸見證了這次秘密約會。「那天下午，父親特意買了一個超群西餅店新推出的芒果慕斯蛋糕，那時候，這種高級的蛋糕，我們一年也吃不到一次。父親就把這個蛋糕放進了大廳冰箱。客人來了，只有一個人，每人一塊。」羅海呂也有。父親與客人談得正熱烈，都把面前蛋糕給忘了。「蛋糕實在是太好吃了！」羅海呂每隔一段時間就忍不住口，又出來切一塊吃。這次密談，持續了大概三個小時，到客人走的時候，蛋糕也幾乎被羅海呂吃光了。

事後母親曾得意洋洋向海呂提到這次見面的背景，她才知道客人就是金庸。見面目的是要恢復因「反英抗暴」時損害的新聞界相互之間的關係。①

「間諜報人」羅孚在北京一住就是十年。迎面牆上掛着一副對聯：「閉門千古事，面壁十年書。」他住在北京雙榆樹南里，當時他的名字叫史林安。十年間，羅孚以「柳蘇」的筆名在《讀書》雜誌發文。柳、蘇，就是柳宗元、蘇東坡。羅孚自謂：「我安敢自比柳、蘇，只是取了其中的貶謫之義罷了。」柳被貶在廣西，蘇被貶在廣東，筆名就取這「貶」的意思，說他自己被貶到京城來了。

羅孚的書架因承受了太多重量而歪斜，書架上有很多書，其中有香港出版的金庸全集，每一本都有金庸的親筆簽名。書架上擺放着《羅孚文集》七冊，中央編譯出版社為每冊加了一條紅底挖白推薦腰封，上面文字顯赫：「香港文學界的伯樂、金庸梁羽生的催生婆、大陸文人眼裡的兩棲作家、董橋風靡大陸的推手」。

一回到北京，羅孚的身份也就原形畢露了：他是金庸的好朋友，不用遮遮掩掩躲躲閃閃了。於是他寫了《話說金庸》，初次向內地讀者介紹金庸。他開門見山地說道：香港有一種特產，既是許多人熟悉的，又是許多人說不出來的。人家追向他，他就說：那是俠客，「因為只有香港才有，

① 羅海雷《羅孚與周恩來的文化統戰》，《明報月刊》，二〇一二年八月。

而香港也只有一兩名，還能不特？」「一名是金大俠，或查大俠；一名是梁大俠（沒有陳大俠）。金大俠是金庸，也就是查大俠查良鏞；梁大俠是梁羽生，沒有人叫他陳大俠，儘管梁羽生原名陳文統，正如金庸原名查良鏞。」——這就是羅孚的夠好讀又好玩的文字。

他還寫過一篇《金色的金庸》。羅孚說，金庸的博學多識在《三劍樓隨筆》的二十八篇隨筆散文中嶄露頭角，內容談及中西影片、書畫音樂、詩詞舞蹈、圍棋謎語、京劇歷史、民謠文學、攝影宗教等，娓娓道來，深得其中三昧。金庸有着深厚的中國傳統文化的積累，他在一九五五年二月八日開始撰寫武俠小說《書劍恩仇錄》後，才能在這偶然性的「無心插柳柳成蔭」的機遇下，欲罷不能地陸續寫出了十五部膾炙人口的武俠巨著。

羅孚曾說，香港人也是怪，在金庸武俠風靡香港的那個年代，街頭巷尾的人「談到正事，談到政事，也往往要引用金庸武俠小說裡的人和事來教訓。彷彿那些武俠小說，都是現代社會的《資治通鑑》，而且他們談得非常正經」。香港人把金庸這個「造俠者」直接當成「大俠」來膜拜。

羅孚筆下的金庸卻非神聖之人，更像只有香港才能出產的一個敢於打拼的人：雖然不會武打，卻不僅對電影感興趣，還曾經學習芭蕾；五十年代甚至雄心勃勃地北上求職。羅孚寫金庸的時候已經不再需要去介紹金庸的成就了，但他在匯集了眾多知名作家的《香港人與事》文集中，以羅孚式幽默來描述金庸作品：「明知道他們不會武功，但他們寫出來的武功卻是人人愛看，而且看得入迷，廢寢忘餐。明知道那是假的，看得比真的還要認真。他們就是這樣以假哄人，編造假的武功，加上形形色色的包裝，騙了許多讀者，或騙了許多人成為讀者。他們不僅騙孩子，厲害之處更在於騙大人（武俠小說被大數學家華羅庚稱為「成人的童話」，他老先生就是這樣的「成人」）。最厲害的是能騙那些身居高峰以至顛峰的大人。」這樣的評論今天就很少見，是羅孚風格。

一九八六年一月，羅孚在北京寫信，希望通過金庸和黃永玉向高層打招呼，「爭取鬆動」：「黃（永玉）和查（良鏞）的為人不同，對他多請托幾句無妨。在查面前，話要說得適可而止；不要給他一個苦苦哀求的印象。他如推辭，那就算了……」羅孚對這兩位《大公報》老同事的個性真是蠻了解的。

金庸有沒有幫羅孚說話，不得而知，金庸自己不說，恐怕永遠沒人知道了。

《讀書》雜誌主編沈昌文對金庸小說有興趣，羅孚專門寫了一信，讓他於一九八九年一月去見金庸，洽談出書。沈昌文不久退出出版舞台，沒時間在任內辦成此事，但金庸小說在《讀書》雜誌着實熱鬧了一陣，以至人們戲說，這家出版社的經濟來源全來自「吃菜」（蔡志忠）和「拾金」（金庸）。

北京雙榆樹南里是一個新蓋的小區，住着文化體育界的不少名人。「向東有北京師範大學的鍾敬文、啟功；再向東，則有和平里的陳邇冬，繼續向東則有團結湖的樓適夷、黃苗子、林墉；向西，偏南，有昌運宮的丁聰；向南，有皂君廟的舒蕪，更南有百萬莊的楊憲益，再南有三里河的黃永玉，更南有苜蓿地的蕭乾。向北，有許良英。方、許是好朋友，是自然科學家，都住在中關村，東西南北四條線，東線伸得最遠，南線較密，西線、北線較少熟人。」①羅孚在北京展開自己的交遊，他乘坐公共汽車一站站走，等鄰近哪一位名人之家就下車，推開附近的住家之門，隨後就是他對這家這位的採訪。

北京十年「休假式」生活中，他依然是位新聞人。他不能忘情於在《大公報》與《新晚報》的工作。那才是自己本來與終極的職業。他還寫了介紹香港形形色色的《香港，香港……》。他說，在雙榆樹的居所裡，香港的人和事像電影一樣一幕幕在腦中閃過，香港文壇「座中多是豪英」，「金庸和梁羽生橫空出世」，常讓他「吹笛到天明」。

在給兒子羅海雷所著的《我的父親羅孚》一書所做的序言中，羅孚在文末寫下這樣的話：「我緬懷不羈的、荒唐的歲月以及逝去的至愛的朋友、文化人，也懷念那些咫尺天涯的老朋友們。」

① 羅孚《北京十年》，轉引自徐城北《羅孚的「北京十年」》，《天津日報》，二〇一一年八月八日。

此時的羅孚已經九十高齡，人生暮年，他最珍視的，是曾經同命運共呼吸的朋友、同道，而不是榮華與事功。從某種程度上可以說，此時的羅孚，經歷過波詭雲譎的時代大潮洗禮之後，已完全回歸知識人的身份認同，與其他一些捲入革命浪潮的知識份子一樣，走出了「兩頭真」的生命軌跡。在羅孚眼中，金庸雖貴為商界巨擘、文化要人，仍然不脫儒巾氣，書生味。他內向、害羞，愛獨處而惡群體生活，性沉默而不喜議論滔滔。平時與知己三五，打沙蟹，推牌九，黃湯三碗下肚，或會有「一時風發」；不然，在人多的場合，眾多陌生人的面前，他仍然是慣性的木訥、靦腆。名利雙收的金庸以好學馳名。他有跑車而不浪遊，有遊艇而不放逸。相反，他從日本買回一部《大藏經》，規定自己每天讀佛經八小時，直至把此佛門聖典啃完為止。

二〇一一年，中央編譯出版社出版羅孚的《北京十年》一書，書中羅孚記敘了從一九八二年到一九九三年他在北京被軟禁的生活，自稱「不妨當野史來讀，野史可以是正史的補充，也可能比正史更加真實」。著名記者、作家曹聚仁評論道：「一九四九年前的《大公報》自然臥虎藏龍，群星閃耀，但四九後的香港《大公報》，包括羅孚在內的一些人，身上依然可見到《大公報》的流風餘韻。」

羅孚的最後十年在香港。金庸對《時代周報》記者李懷宇說起他晚年與羅孚在港「常常見面」。

由此來看，金庸一九六七年收到的那顆貴重的炸彈與羅孚一家是沒有關係的。

到了晚年，羅孚與金庸的立場各自發生變化。羅孚傾「右」而金庸靠「左」。約十年前，羅孚談金庸的辦報：「金庸以《基本法》草委、籌委的身份，擔當了重任，卻以偏於保守，漸為群眾不滿，於是而發生了群眾到《明報》門前示威，焚燒《明報》報紙的事，這應該算是他辦《明報》的一次失敗吧。」

二〇一一年，剛從英國劍橋大學歸來的金庸看到《明報月刊》上對羅孚的介紹，對學生說：「北京給羅孚出了書，是一件好事，你一定要看羅孚。」北京十年，羅孚從香港左派文化陣營中的一支「健筆」，變成了華語大文化圈裡的一支「生花之筆」。二〇〇九年底，羅孚和金庸一同應邀去香港《大公報》社新址參觀，這是兩位老同事好友的最後一次會面。

二〇一四年五月二日凌晨，九十三歲的老報人羅孚帶着一生的秘密走了。

金庸出謎面：「詩聖主國，朱雀騰飛」

——詩人總編杜南發

杜南發夠「發」，早年畢業於南洋大學文學院後加入《南洋商報》，開啟了記者生涯。中年出任《南洋商報》旗下《快報》助理總編輯，大膽改版後成功編出新意，接手主編《南洋商報》文藝副刊《浮鵬》、《文林》，開創華文報文藝副刊版面設計與計劃編輯新風潮。

杜南發夠「發」，花甲之年的他不僅是新加坡資深報人、詩人、鑑賞家，同時還是新加坡詩麗雅集團的創辦人，旗下擁有詩麗雅、凱伊秀和醫明三大品牌，曾榮獲安永企業家獎，新加坡傑出企業家特別獎，世界傑出華人獎等榮譽。

作為書畫鑑賞家，杜南發說，他基本上不用「收藏」一詞，他喜歡的字眼是「緣聚」：「很多東西不一定非強求不可，有緣碰到，總會圓上。」如他和金庸就是因文而緣、因報而緣、因詩而緣的。

金庸贈予他的書法，是一個謎面：「詩聖主國，朱雀騰飛」，謎底是「杜君南發」。

（一）

先說因文而緣。

杜南發與金庸，因為一個越洋訪問而相識。一九八一年春天，杜南發到香港採訪，倪匡帶他去採訪金庸。事後倪匡才告訴他，金庸先是拒絕：「我接受訪問多了，沒有什麼意思。」倪匡勸說：「這位小朋友挺有意思的，你見他一下麼。」金庸說：「好，見了覺得有意思，當天晚上就留下來吃飯。」那麼，沒意思呢？金庸不明說：訪問完就說當晚有一個飯局，意思是下逐客令。

下午，杜南發與倪匡同行，按響了香港半山區金庸家的門鈴。應門的正是金庸，他的國字臉上布滿親切笑意，給杜南發的第一印象，就像一尊笑意盈盈的彌勒佛。

踏進那大書房暨客廳，但見四壁皆書，走近一瞧，赫然是有關佛學的書籍佔了大半，各種語言的都有，還有一整套已被他大部讀完的《大藏經》。杜南發敬佩之意油然而生：一部《大藏經》上萬卷啊！

「大家隨便聊聊就好了。」金庸說。

訪談是在輕鬆的氣氛中開始的。杜南發問的第一句話就讓金庸笑了，倪匡更在一旁哈哈大笑。

「您當初為什麼會寫起武俠小說來呢？」這是很多記者重覆問過的問題。

金庸笑了起來：「這問題我已經重覆了好多次了。」他還是認真地作答：「那時候我的工作和你一樣，在做副刊編輯，那副刊需要武俠小說，於是就這樣寫起來了，那已是二十多年前的事了。」杜南發的第二個問題卻是別人從沒問過的：「那麼後來您為什麼停筆不寫了呢？」金庸隨意地回答：「我第一部寫的是《書劍恩仇錄》，還算成功，就一直寫下去，寫到最後一部《鹿鼎記》，那是在一九七一、一九七二年間就寫完了，覺得沒多大興趣了，就不寫了。」

「這麼說，如果哪一天您有了興趣，您還會寫下去的……」金庸不敢小看這個新記者了……相談甚歡，杜南發蹭上了一頓晚餐，金庸還打電話叫溫瑞安過來作陪。①

杜南發祖籍福建晉江，一九五二年生於新加坡。一九七三年報考南洋大學時，杜南發的興趣是經濟，但成績不夠，只能進文學院，沒想到全心全意讀中文後，杜南發慢慢讀出了興趣。大學時候的杜南發鍾愛寫詩，日後出版過《酒渦神話》和《心情如水》兩部詩集。

大學畢業後，為等一份赴德國留學的獎學金，杜南發要找份暫時的工作，剛好一位南洋大學的師長認識報界朋友，便介紹他到《南洋商報》當翻譯。一九七七年，杜南發抱着無所謂的心態開始上班。後來，因為未能拿到獎學金，加上報館上司認為他應該去做記者，杜南發便在報社留了下來。

① 杜南發《長風萬里撼江湖——與金庸一席談》，收入《風過群山》，明窗出版社，一九九五。

當記者時，剛好報館出了一份新的小型報紙《快報》，初由老一輩編輯主持，銷路不太好，便讓給年輕人，杜南發大膽改版，屢創新意，很快銷量上升，這讓他意外發現了報章新聞在嚴肅之外的創意趣味。一日，杜南發向報館領導建議，試編一個供年輕人表現新意的文藝副刊園地。總編輯說：「大報的文藝副刊很重要，不能給你們這些小毛頭拿來玩。《南洋商報》有一個小開《南洋周刊》，就撥個版位給你們試看看吧。」

也好，杜南發給新副刊取名「浮鷗」，開始幾期，整版的稿件都是杜南發一個人頂，換不同的筆名寫詩、小說、散文、評論，新聞也有，是海內外的文化動向。這一招挺行，反響良好，報館總編便決定讓杜南發來編輯《南洋商報》的文藝副刊。一接手，副刊新名即改為「文林」，杜南發解釋：「武術界有武林，文藝界就要有文林。武術界有高手，文藝界也有高手。」

這時候，杜南發認識了台灣著名出版人沈登恩，沈剛剛衝破重重阻礙，將金庸小說引進台灣。此時，柏楊出獄後第一次獲准離開中國台灣，便由《南洋商報》邀請到新加坡訪問，擔保人是倪匡。杜南發採訪柏楊時，柏楊建議他到台灣、香港採訪，尤其見見金庸。於是，杜南發向報館提出到台灣和香港採訪名家的計劃。

杜南發的《長風萬里撼江湖》一文，記述了他與金庸的一席談。

杜南發問：「大家覺得，您的武俠小說的一個最大特色，就是和中國歷史有很密切的結合，為什麼您會採取這樣的處理手法呢？」

金庸認真地回答：「這有兩個原因，第一，武俠小說本來就是以中國古代社會為背景，越是真實，讀者越會感到興趣。既然以古代社會為背景，那就不能和歷史完全脫節。另一個原因，則是我對中國的歷史很有興趣。」

杜南發問：「那麼，您對自己的武俠小說有些什麼感想？」

金庸不得不認真對待眼前這名小記者：「這個問題實在不好談啦，把自己說得太低，讀者可能竟會誤以為真，豈不糟糕，哈哈！像在《笑傲江湖》裡，有一個苗女問岳不群的夫人劍法是不是很高，她覺得這個問題很難回答，說相當不錯，好像不大客氣，說自己很低，對方會誤以為真的很低，所以只好一笑不答，哈哈……」

一陣哈哈大笑之後，杜南發冒冒失失地問道：「那麼，以您的看法，武俠小說的價值究竟是什麼？」

金庸說：「每個人對文學都有自己的看法，以我個人而言，我認為文學主要是表達人的感情。文學不是用來講道理的，如果能夠深刻而生動地表現出人的感情，那就是好的文學。我不贊成用

『主題』來評斷一部作品。主題的正確與否，並不是文學的功能，如果要表現某一種特定的主題，一篇理論性文章會更好、更直接。」

「您認為文學的功能不是用來說教，不是用來講道理的？」杜南發順籐摸瓜。

「對，我認為文學的功能是用來表達人的感情，至於講道理，那就應該用議論性的、辯論性的或政治性的文章，像我在《明報》上寫的社評（貴報《南洋商報》經常轉載的）。但是，這並不是文學。」

杜南發與金庸的訪談錄，被人引用過多次，如金庸提到了兩個很耐人咀嚼的話題：「中國近代新文學的小說，其實是和中國的文學傳統相當脫節的，無論是巴金、茅盾或是魯迅寫的，其實都是用中文寫的外國小說……中國的藝術有自己獨特的表現手法……有人常問我，為什麼武俠小說會那麼受歡迎？當然其中原因很多，不過，我想最主要的原因，是因為武俠小說是中國形式的小說，而中國人當然喜歡看中國形式的小說。」「不管是武俠小說還是愛情小說、偵探小說或什麼小說，只要是好的小說就是好的小說，它是用什麼形式表現那完全沒有關係。武俠小說寫得好的，有文學意義的，就是好的小說，其他小說也如此。畢竟，武俠小說中的武俠，只是它的形式而已。」這是兩個多麼矛盾的話題，但卻同時存在於一個對話錄裡，還被許多大師級的人物當成文藝理論引用。

這一次初見，他們從創作談到文學觀，談到宗教信仰，不知不覺到了晚上，金庸邀請杜南發與他的家人及倪匡、溫瑞安一起晚飯。杜南發比金庸年輕差不多三十歲，金庸卻感到與這個年輕人很投緣，翌年還特意到新加坡找他。以後每到新加坡，總是會找他。

杜南發說，一九八二年金庸帶着一班朋友到新加坡住了一個星期，當中包括倪匡夫婦、沈登恩夫婦、高信疆夫婦、董千里夫婦等人。最初他們住在香格里拉酒店，後來因為沈登恩愛吃文華酒店的雞飯，所以他們住到一半便全部搬到文華酒店。那個星期，金庸是去度假的，杜南發天天跟他們在一起，他們常常在酒店裡玩show hand，杜南發不懂玩，就看着他們玩，他發現金庸很沉得住氣，贏得較多。

以後，金庸每隔一兩年都會到新加坡休息一趟，每次都是住在香格里拉酒店的花園翼套房，都會約杜南發見面。多年來，無論人前人後，杜南發始終稱金庸為查先生，他說是因為尊重。「查先生每次都會帶一個大行李箱來，裡面密密麻麻都是書，他其實是來新加坡看書的，很少外出，出去可能也是吃個飯，很少觀光。我覺得他主要是換個環境吧？因為家裡是一個環境，到外面是一個環境，而且當時還沒有用手機，受打擾的機會不大，沒有人知道他住在這裡啊。」

杜南發聽到有人指責金庸信佛是一種偽善，心裡憤憤不平。這日，他和金庸及倪匡同桌吃飯，談論起了佛學。金庸說：「因為宗教是一種神秘經驗，信就信，不信就不信，這不是一種理性的，而是宗教性的。我信佛教，因為我相信人生就是這樣子，所以就信了。實際上，我寫小說是追求美，我寫社評，則是在力求弄清真和假，理由充足不充足和判斷對與錯。至於佛學，則屬於宗教性的範疇，是你信仰不信仰的問題，沒什麼道理可講的。」

「哦，我明白了，所以在您的小說裡，主人公轟轟烈烈，做出一番驚天動地的偉業之後，大都選擇了歸隱。這是因為您的武俠創作深受中國傳統文化即儒、道、佛的影響……」杜南發感慨道。因為金庸的每部作品創作的時間不同，所受傳統文化思想的滲透和支配也是不同的，所以他筆下主人公歸隱的性質也有很大的不同。而這些不同，正昭顯着他創作過程中，思想意識由儒入道、由道入佛的心路轉變歷程。

由金庸的書、書中的佛學，給予「當下」的啟發，杜南發說：「我的人生觀早期受存在主義影響，後來是佛家的『活在當下』。因為人雖有過去現在未來，但真正唯一能夠把握的只有當下，其他你都管不到，既然管不到就不要為其所困擾，認真做好當下該做的事就好。」

金庸贊同，說：「所謂生活，生是狀態，活是態度，人既然必須生活，就應該活字當前，即使未必能做自己喜歡的事，但仍應如禪宗說的『活潑潑來去無牽掛』地去做，所謂境隨心轉，一轉即活，就是快樂。」

杜南發借題發揮：「所謂快樂，不是大吃大喝有錢就很快樂，快樂是一個知足的狀態，因為知足，才能從容而自在。但快樂和知足的前提必須是認真和清醒，認真才會明白究竟，清醒才能知道自己的狀態，否則只是官能的墮落，心靈的失落。我做任何工作，包括收藏、寫作，都是這個心態。」

他認為，金庸學識淵博，經史子集、釋道儒莊、琴棋書畫等均有涉獵，讀他的武俠小說，心靈上必有收獲。

（二）

再說因報而緣。

一九九三年，杜南發出任《新明日報》總編輯，和金庸通了電話。金庸在得知自己交往了十餘年的新加坡朋友即將出任自己當年創辦報章的總編輯時，特地致電恭賀一番。

二〇一一年一月初，金庸宴客，選了太古廣場的一家食肆，請杜南發一家，倪匡夫婦和蔡瀾作陪。席中相談聊起往事，杜南發說：「查先生其實是《新明日報》的『老爸』，很多香港人都不知道，他在這裡即寫即登了《笑傲江湖》呢！」

金庸與新加坡報業的淵源很深。杜南發記得，金庸在六十年代初就跟新加坡的《南洋商報》

合辦一份《東南亞周刊》，逢星期日隨《南洋商報》贈送。「這表示在這之前他們已有來往，因為出版一份刊物總要有一些溝通，特別是當年通訊不方便，所以金庸是一定會到新加坡來的。當時新加坡就兩份大報，一份是《星洲日報》，一份是《南洋商報》，而《南洋商報》跟香港的關係比較深，當時它有駐港辦事處，是《南洋商報》和金庸聯繫的一座橋樑。」他記憶裡，這本周刊出版了兩至三年。

因《南洋商報》，金庸認識了新加坡的驅風油大王梁潤之。一九六七年，金庸和梁潤之每人出資五十萬新元創辦了《新明日報》，金庸擔任社長。「新」是梁潤之原本在當地創辦《新生日報》的「新」，而「明」則是香港《明報》的「明」。杜南發說，很多人以為金庸是因為一九六七年香港暴動，他被列入暗殺名單才會到新加坡辦報，其實那是時間上的巧合，據他所知，金庸在一九六五年和一九六六年，已多次到新加坡考察當地報業。「金庸是純粹從一家報社要擴展業務的角度去看這件事。那時候，他已有跨界辦報的概念，就是要走出來，擴展到境外。」

金庸後來接受香港「麗的呼聲」訪問時，曾談到《新明日報》的經營方式：「我在香港經營的《明報》，平均日銷九萬份，星期日銷十二萬份，每個月頗有盈余。每個月撥一部分盈余到星馬與梁潤之先生共同投資經營《新明日報》，相信長期維持，不會有什麼問題。（香港）編輯部來了一位總編輯，經理部一位副經理，其余人員都在本地招聘。將來我們在馬來西亞聯邦出版《新明日報》，公司董事會中有馬來西亞的公民。……香港所供給的，只是一部分資金，以及副刊材料，和業務技術而已。」①

新加坡《新明日報》出版後不久，馬來西亞版也出版了。最初，新加坡與馬來西亞的《新明日報》共用同一版面，後來因兩地政策不同，便分為《新加坡新明日報》與《馬來西亞新明日報》，唯副刊、小說稿件仍是港、新、馬三地共用。杜南發說，金庸認為在新馬兩地辦報較香港困難，但創報不久，《新明日報》已是當地銷量最高的三份中文報紙之一。

當時，《新明日報》所用的許多材料，包括副刊、中國動向的新聞特寫等，都是由香港《明報》供稿。金庸原先是在《南洋商報》連載武俠小說《素心劍》（後改名為《連城訣》）的，《新明日報》創刊後，金庸便在《新明日報》獨家連載他的武俠小說，第一篇是《笑傲江湖》。為了讓這份報紙更有優勢，金庸甚至空郵最新的小說到新加坡，讓《新明日報》比《明報》提早三天刊登。

七十年代末期，新馬兩地政府修改法例，規定外國人不可以持有本地報章超過百分之三股權，金庸便把自己的股份全部賣出。

①《金庸與〈新明日報〉》，金庸網，二〇一五年九月十六日。

金庸外表嚴肅，似乎不苟言笑，其實是個「冷面笑匠」，在和好朋友相處時，常會爆出風趣笑話，也很重感情。杜南發記得：「有一回我和他及幾位好朋友在珊頓道一家蘇聯餐館吃飯，大家相約在菜牌上寫留言，他寫的竟然是『請吃家鄉菜』，簽名『查可夫斯基』，大家都笑開了。」

《新明日報》在二〇〇七年慶祝四十周年時，杜南發帶領當時的新明團隊出版《新明日報》四十周年典藏書《重新發現——城市新聞的時間旅行》，還飛到香港把新書送到金庸手上。他記得那時的金庸，行動時手持一支很精緻的手杖。

二〇一七年初，香港文化博物館設置「金庸展廳」，展品中有一份金庸的《笑傲江湖》親筆手稿，是杜南發奉獻的。十多年前，杜南發籌備《新明日報》四十周年慶典。有一位老員工為尋一本舊書，打開家中壁櫥，從角落裡掉下一個紙包。他無意中拿起看了看，用報館電傳打字機的紙包着的紙包上，寫着《笑傲江湖稿》五個紅字。拆開一看，竟是金庸當年的親筆手稿。老員工將手稿全部給了杜南發，因為他不僅是《新明日報》的現任總編輯，還是文物收藏和鑑賞家，更是金庸的好友。①

杜南發見到手稿，心中一愣，一陣感慨。這批手稿，是金庸當年在新加坡續寫《笑傲江湖》保留下來的，有十多天的發稿量，雖不是整部小說，但畢竟是金庸當年親筆所寫的手稿。《笑傲

① 趙曉彤《金庸星洲辦報絕招 〈笑傲江湖〉即撰即印》，香港《聯合早報》，二〇一六年八月二十四日。

江湖稿》見證了金庸當年香港暴動時避禍獅城的動蕩歲月；也顯示作者創作時思路清楚，毫不凌亂、落筆嚴謹，具見睿思才情，是一份難得的文學記錄。金庸在獅城創辦《新明日報》的歷史，人們都感陌生，而這批原手稿出現，見證了他和獅城的一段因緣。

那時候，金庸在新加坡住了整整一個半月，杜南發因而知道金庸在這段日子是怎樣寫小說的——此事是報館前輩林玉聰告訴杜南發的。「那一個半月，金庸基本上天天都來《新明日報》，來往的路線就是報社跟酒店，當時總編輯怕金庸的小說內容會泄露出去，就叫小說版編輯林玉聰搬進總編輯的辦公室。林玉聰看着金庸每天下午兩點多回來，回來後就在沙發那邊坐一坐、看一看報紙，然後到總編輯的位置開始寫小說。」那時候金庸在寫《笑傲江湖》，他把原稿紙平放在桌上，抽一根烟，構思小說，想好以後便開始動筆，排字房的同事就在門口等候。金庸每天寫三張原稿紙，每天非常精準地寫一千二百字左右就停筆，寫好第一張紙便立即交給排字房同事拿去發排，寫好第二張紙又立即交給同事……「當然，同事排字後會打印出來給他看，但他的習慣是寫完就停，沒有多寫，沒有提早寫，都是當場寫，寫完也不會重看——他的原稿改動很少，這表示他的思想很縝密。」杜南發說。

手稿的第一頁是《笑傲江湖》第十四回《孤山梅莊》。幾十年過去，薄薄的稿紙已經微微泛黃，而紙上的文字仍然乾淨清晰。杜南發小心翼翼地保存着這些手稿，如在保存一段新加坡報業的歲月，一段相識相知三十載的情誼。

一次相遇，杜南發把發現手稿的事告訴了金庸，金庸很是高興。杜南發笑言自己「吾生晚也」，來不及見證金庸在新加坡報業叱咤風雲，也來不及與他共事。

不過，在兩人的相處中，杜南發總是感到金庸十分關心報業的發展。有一次，金庸夫婦到新加坡，杜南發請他們外出吃飯，那時剛好一個報販在賣《新明日報》和《聯合晚報》，杜南發買了報紙送給金庸。金庸低頭翻着報紙，說：「香港如果再出版這種報紙，應該會受歡迎。」杜南發點頭同意。那是一九九〇年，中國香港的夜報只剩下寥寥一兩份，而在新加坡的晚報市場，卻因為《新明日報》與《聯合晚報》互相競爭，迸發出許多火花而令市場蓬勃。「我覺得當時香港仍是有晚報市場的——我說的是沒有手機和網絡的時代，晚上，香港街頭人來人往，而且滿街都是報攤，如果有這樣一份報紙，內容又捕捉得好的話，是有市場的。」杜南發說。

杜南發說：「金庸是屬於市場型的文人辦報，早期的文人辦報如梁啟超、章士釗等都是為了推動政治或社會改革理念而辦報，目的是政治和社會影響力而不是盈利。金庸是很清楚市場力量的，所以他最早創辦的就是一份以中下層讀者為對象的消閒性都市報，《明報》和新加坡的《新明日報》也是同樣的考量，他是很精明的經理人，有現代經營理念，業務管理抓得很緊，連他的好友倪匡要加點稿費都得和他『鬥法』。《明報》後來成名的文化定位，當然和他是知識份子有關，但也是因時應勢，是一種對市場空間的準確把握，有如蘋果的神話英雄喬布斯把握人性美學的市場定位創新。」

（三）

然後說因詩而緣。

杜南發結識沈登恩、倪匡以後，近朱者赤，很快成了金學研究專家。一九八六年，當台灣「遠景」取得金庸小說版權後，沈登恩推出「金學研究叢書」，由旗下著名作家分別評論金庸小說，杜南發隨同三毛、董千里、羅龍治等人參與主編五集《諸子百家看金庸》。

杜南發用一雙詩人的眼睛發覺，金庸小說的成功就在於它大俗大雅，至幻至真，超越俗雅，充分地繼承了中國傳統形式的衣缽，發揚了其武俠小說的特質，成為二十世紀最中國形式的小說。比如襲用了舊小說在行文時夾用詩詞、歌賦、聯句，在回目中使用對聯、詩詞，在語言上使用白話、夾用韻文等特點。金庸在行文時很會玩「花樣」，像元好問的《摸魚兒》、丘處機的《無俗念》、岳飛的《滿江紅》、李白的《俠客行》等都運用得渾然天成，毫無斧鑿之痕。金庸在回目上為了小說的古典意境所做的裝潢更是心機用盡，他在一九七八年十月《天龍八部》修訂本的後記中寫道：

「曾學柏梁體而寫了四十句古體詩，作為《倚天屠龍記》的回目，在本書中學填了五首詞作回目。」他還頗費周章地在先祖查慎行的七律中選了五十行對句作為《鹿鼎記》的回目。不過，金庸也在幾本書中沒有堅持這種通俗文學固有的思維慣性，殊為恨事。儘管如此，金庸在回目上的成就還是鶴立雞群，如《天龍八部》中：「燕雲十八飛騎，奔騰如虎風烟舉。老鷹小丑，豈堪一擊，勝之不武。王霸雄圖，血海深仇，盡歸塵土……」這一曲氣吞萬里如虎的《水龍吟》，於細微處峰回路轉，英雄俠義與兒女情長互為映襯，真是「虎嘯龍吟，換巢鸞鳳，劍氣碧烟橫！」

其實，杜南發原本就是一位詩人。他在新加坡南洋大學讀書時，是「南大詩社」的早期社員，開始創作「詩樂」，是新加坡青年自創歌曲「新謠」的先聲。他最為人所稱道的代表作是一九八二年創作的《傳燈》歌詩，由音樂家張泛譜曲。這首以詩入樂的經典作品唱出了南大精神所蘊含的熱情、魄力、堅定意志，至今仍是南大校友大聚會以及南洋理工大學迎新活動常唱的一首歌。「每一條河，是一則神話，從遙遠的青山，流向大海；每一盞燈，是一脈香火，把漫長的黑夜，漸漸點亮。為了大地和草原，太陽和月亮；為了生命和血緣，生命和血緣。每一條河，是一則神話；每一盞燈，是一脈香火；每一條河，都要流下去；每一盞燈，都要燃燒自己。」是啊，這條「河」，是中華文化的歷史長河，這盞「燈」，是天下炎黃子孫的心燈。海外華人就是用這樣的心態，戰戰兢兢，步步為營，絕不讓手中的蠟燭熄滅。

這首歌誕生的年代，是新加坡南洋大學被迫「關閉」、南大畢業生痛失「母校」、東南亞華人社會「心如刀割」的年代。《傳燈》首次在新加坡「金獅獎」頒獎禮上唱出，過後卻被新加坡人「選擇遺忘」，倒是由當時出席儀式的幾位中學生憑着記憶把歌詞歌譜靜靜抄錄。

一九八七年，大馬華人面臨歷史上極其悲痛憤慨的日子，執政當局中具有邪惡議程的集團，聯合偏激種族思維的政客，惡意挑起華人對大馬的「效忠」問題，稱華人是「外來者」、「掠奪者」、「貪婪的候鳥」等，漠視各族先輩共同建設大馬的歷史，在排山倒海而來的「造謠、誹謗、誣蔑、栽　和圍剿」中，華人在政經文教領域「節節敗退、退無可退」，引發了令人遺憾的「茅草行動」，一百多位華社領袖和社會活動者身陷囹圄，至今尚未平反。就在這樣的歷史時刻，一首承載着五百萬華人心聲和意志的《傳燈》歌曲被華社選擇和廣泛唱響，從南邊的新山到北疆的城，從西馬的沿海城市，到東馬的內陸市鎮，華社每有文化活動，必定唱響《傳燈》，許多人邊唱邊流淚，連續唱了三小時，仍舊意猶未盡。

二〇一一年二月份新春期間 新加坡第三十九屆妝藝遊行中 從新加坡「出走」了二十八年的《傳燈》，再次重返人民的視線，原作詞人杜南發在節目中親自朗誦當年的歌詞，和譜曲人張泛生一起，完成了《傳燈》的「返鄉之旅」。這件「新鮮事」引起了金庸的興趣，他寫了一幅書法「詩聖主國，朱雀騰飛」，贈給杜南發。這是一個謎面，謎底是「杜君南發」。

一次，金庸在杜南發的辦公室裡，見牆面上掛着一副郁達夫寫給鄭子瑜的名聯，「曾因酒醉鞭明馬，生怕情多累美人」，也是因為機緣巧合，鄭子瑜叮嚀家屬在自己身後送給杜南發，這是杜南發的收藏裡最喜歡的一件。金庸認為這副對聯除了郁達夫的才氣和透着性格的書法之外，最重要的是詩中的意氣情懷，這兩句詩與魯迅的「橫眉冷對千夫指，俯首甘為孺子牛」可以媲美，可以同譽為兩大當代名詩佳句。

杜南發一九九八年出版古書畫記《美的足跡》，他回顧人生，早期喜歡政治、經濟、科技；大學之後開始寫詩，後來到了報館，也算跟文學在同一條線上；中年以後喜歡書畫。在品評結緣的金庸等風流人物後，他感慨：「我比較興趣於文人書法，包括信札，我覺得這裡呈現的是一個文化的世界，讀着這些書法和文字，除了欣賞書法水平，還可以感受文字性情，像一首詩一樣在品評結緣的風流人物。這些前輩師友相贈的書畫或來往信札，有些是當年保留，有些卻是沒有意識地留下來了，多年後才偶然發現，如金庸、古龍、三毛、蔡志忠、余光中、鄭愁予、林清玄等，都是帶有我生命經歷和感情的記錄。」

「金庸茶館」沏茶人

——高級記者萬潤龍

米七身高，百五體重，臉方，耳大，目圓，嘴闊，虎背熊腰，金庸書中一俠客爾？不，他是跟金庸一樣「只會動筆不會武功」的媒體人。

金庸稱他是「金庸茶館」的沏茶人，聘請他擔任杭州金庸書友會總經理兼《金庸茶館》（雜誌、網站）主編，他還參與策劃了「華山論劍」、「五月聯盟」等活動。

杭州聞名，浙江蜚聲，新聞界名聲遐邇。談起他，金庸喜而愛，同行慕而敬。他採訪金庸發表獨家專稿五十餘篇，如「金王論爭」的報道，他是主要策劃者。

他是上海文匯報駐浙江記者站原站長，高級記者萬潤龍。

（一）

萬潤龍第一次遇見金庸是一九九六年秋。

沿着杭州西湖向靈隱寺方向西行，在杭州錢塘十八景之「九里雲松」起點旁，康熙帝御筆西湖十景「雙峰插雲」之碑側，曲徑通幽處，一間書舍坐落於此。「飛雪連天射白鹿，笑書神俠倚碧鴛」，門庭上這幅囊括了金庸十四部武俠小說名字的著名對聯，告訴遊人這裡是金庸讀書會友的地方。這裡松林繁茂，鳥語花香，十分幽靜。

一九九六年十一月五日，金庸為雲松書舍落成剪彩。書舍門外放一桿擴音話筒，金庸及家人與省市領導在話筒後站成一排，發言者上前一步即可。

時任海協會會長、上海市老市長汪道涵發表了熱情洋溢的講話。他說，自己也是金庸迷，通讀了金庸的十四部作品，從中看出了兩個字，「仁」與「義」。汪道涵隨口舉出了大量書中的故事來論證自己的觀點。汪道涵最後說，金庸的小說是可以當做愛國主義的教材來讀的。

金庸當時十分感動，在答謝時連說了十幾個「不敢當」。

當天，萬潤龍以《汪道涵論金庸》為題，寫了一篇特稿，在《文匯報》上刊出。這篇報道後來成為萬潤龍獨家採訪金庸的敲門磚。

典禮結束後，金庸陪同來賓參觀雲松書舍。從外表看，這庭園並不大，但一邁進門就發覺，主要的建築物把全園分割為不同景區，層層深入，曲徑通幽，引人入勝。書舍是按江南特有的庭院風格建築的，白牆烏檐，亭台樓閣，水榭池塘一應俱全。邁入第一門，左右回廊，中間是一個天井。一進是會客廳「耕耘軒」，二進是書齋「賞心齋」和主樓「松風明月樓」，還有「玉蘭亭」和「聽松亭」等樓台廊榭等建築，其間以回廊曲徑相連。回廊牆壁上有展示金庸十五部小說的壁畫，回廊還綴以不同花式的窗框，從每一窗框下走過，展現不同景觀。庭院深深，花香鳥囀，此處無疑是讀書的好地方。

這是金庸耗資千萬元興建的，初衷是「以供藏書寫作和文人雅集之用」。金庸說，杭州是他最喜愛的城市，人生第一份工作就是在杭州的《東南日報》，他要回杭州來安度晚年。

然而，萬潤龍偶然聽見金庸說「提前捐贈書舍」的話語，又驚又奇：剛剛蓋好還沒入住過一天，他怎麼就捐贈了呢？

乘隙，他蹭到金庸身旁，悄悄問：「您到杭州來是否在雲松書舍居住？」這個問題其他記者也曾問過，金庸不作回答，此刻他卻回答得很具體：「柴（松岳）省長也問起過同樣的問題，我告訴柴省長，這個地方我不敢住。」

見萬潤龍驚訝，金庸細細解釋：「杭州是我的三大福地之一，我喜歡來，與幾任市長都是好朋友。前幾年到杭州，市領導請我吃飯，向我提議，在杭州西湖附近選一塊地，為我建造一處庭院式住宅，今後我回杭州來就住在這裡，我過世後就獻給杭州。我認同了這個建議，堅持由我自己出錢，委托杭州市設計蓋造。開始是一千四百萬元預算，後來突破了一些，大約花了一千六百多萬元。當時我蓋這個別墅的用意就是我退休之後到這裡定居，做學問，會朋友。」雲松書舍於一九九四年十月奠基。

「今天的參觀，讓我改變了主意。我覺得書舍建得太美了，又在西子湖畔，不應該由我一人獨享，應公諸同好，讓普通人都能分享美景。」他要提前將雲松書舍無償捐贈給杭州市民。

萬潤龍肅然起敬。

「這已經不是普通的民居，規格太高，造得像行宮了。我如果住進來，一定會折壽的。」金庸信佛，相信因果報應。

如今，雲松書舍早已從一人之書舍成為普通遊人可隨意遊覽和文藝中人的尋雅之地。據悉，平日裡書舍會舉辦一些活動，如書畫展覽、詩詞吟誦、插花交流等。

時過兩年，浙江四校合併成新的浙江大學，邀請金庸擔任該校人文學院院長。到任當天，浙江大學安排了一次短暫的媒體見面會，金庸亮相並作簡短講話。主持人拒絕了數十家媒體採訪的要求，卻於當天晚上，讓萬潤龍獨個兒來到金庸下榻的世貿中心大酒店採訪金庸。

一見面，金庸就說：「萬先生寫的《汪道涵論金庸》我看到了，許多朋友也看到了，很感謝。」

坐下，閑談，一個半小時的獨家專訪。金庸介紹了自己接受浙江大學邀請擔任院長的經過。他說，一直認為自己的學問很不夠，希望有機會再進大學深造，「這次到浙江大學任職，也給了我一個學習的好機會。浙江大學有這麼多的大教授，有幸與他們成為同事，向他們求教應該會更加方便。」

金庸出資二十萬港元在浙江大學設立「浙江大學金庸人文基金」，這次應聘到浙大任職，校方給了他最高的待遇（享受院士待遇）：「我小時候家裡清貧，讀書很苦，現在條件好一些了，應該資助那些清貧的學生。」金庸說：「我每年還要有幾個月去英國搞研究（他是英國牛津大學、劍橋大學的名譽院士），但我會爭取在杭州多呆一些時間。浙江是我的家鄉，在杭州工作我會很愉快，可以交許多新朋友。今後年紀大了，我可能會在杭州定居。」①

四月五日，金庸給他的三位博士生上課，事先他給萬潤龍打電話，說要約見他，請他到香格里拉酒店吃飯。萬潤龍十分欣喜，又有一個獨家採訪的機會，他可以向金庸請教更多的問題。

晚上，萬潤龍準時來到香格里拉酒店，金庸與夫人正好與另一批來客結束會見，夫婦倆隨即請他到餐廳用餐。餐桌上，萬潤龍把事先準備的幾個問題一一端出，金庸有問必答，從容而談。②

① 萬潤龍《應邀擔任浙大文學院院長　金庸先生將在杭定居》，《文匯報》，一九九九年三月二十五日。

② 俞晝《萬潤龍：金庸先生從不擺架子對朋友相當仗義》，《大公報》，二〇一八年十月三十一日。

次日，《文匯報》以《「金大俠」杭城自道——浙大人文學院院長查良鏞與記者對話》，整版篇幅報道了這次「萬金對話」。

杭州雷峰塔於一九二四年轟然倒塌，民間依然流傳着《白蛇傳》，「水漫金山」的傳說至今仍口口相傳。萬潤龍曾採訪園林大師陳從周的弟子陳潔行等專家學者，文匯報以四整版的篇幅發表了他採寫的《西湖不能沒有雷峰塔》等系列特稿。一九九九年國慶前夕，浙江省政府省長辦公會議專門討論雷峰塔重建的議題，但有一種觀點阻礙着大家的思路，就是認為雷峰塔是封建勢力的象徵，把追求自由的白蛇壓在塔下，雷峰塔倒塌了，白蛇才得以解放。如果重建雷峰塔，是否又要把白蛇壓住了?為此，杭州市領導寫信向金庸求教。

金庸提出，可以在重建雷峰塔時把塔的底部鏤空，這樣塔可以重建，白蛇也可以自由進出。金庸的建議得以采納，二〇〇二年十月竣工的新雷峰塔將底部建成穹頂式，穹頂下是倒塌雷峰塔的遺跡，穹頂上部是雷峰新塔。

萬潤龍的新聞報道推動了雷峰塔的重建；金庸的設計建議促成了現有方案的一錘定音。

（二）

金庸視萬潤龍為知己，因為萬潤龍是文人卻有武俠之風，見冤屈而心動，聞強暴而憤然，路見不平，拔筆相助，鐵肩辣手，實實在在一個筆俠，甚至有讀者給他的信寫着"萬青天收"。

萬潤龍一九五〇年出生在杭州一個市民家庭，初中畢業遇「文革」，隨之知青下鄉到了農村。一九七一年，他被保送成了第一屆「工農兵學員」，兩年後，成為人民教師。

一次偶然的投稿，使他發覺，當教師振臂一呼會有數十人應，而記者巨筆一揮會有千萬人回應，輿論的力量太大了，當記者多好！於是，一九八四年，杭州日報招聘記者，「萬老師」轉身為「萬記者」了。

一九九二年二月的一天，萬潤龍參加《文化交流》雜誌聚會，席間，某君忽提起一事：浙江有五位老人即將赴美國訪問，邀請他們的是五十年前被他們救護的美國飛行員。散會後，萬潤龍立即查資料，得知一九四二年日軍偷襲珍珠港後，美國為了報復，派杜立特爾上校率七十九名飛行員駕駛十六架B25轟炸機偷襲東京，實施了舉世聞名的「東京上空三十秒」行動，打擊了日本不可一世的氣焰。因提前行動，與地面失去聯繫，在燃料用盡的情況下，飛機在中國沿海迫降。除八位飛行員因飛入日軍侵佔地之外，另七十一位美國飛行員被中國百姓救起。這些美國軍人成為美國人心目中的英雄。在「東京上空三十秒」行動五十周年到來之際，「杜立特爾協會」派人來到中國，尋找當年救護過美國飛行員的中國人。他們找到了五位中國老人，向他們發出赴美訪問的邀請。

隨後，萬潤龍跑嘉興、台州，衢州，金華，找到這五位老人，突擊採訪，通宵寫下一萬多字，長篇報告文學《「東京上空三十秒」之後》再現了半世紀前那驚人的一幕。稿件發給《文匯報》，主持「獨家採訪」版的著名記者兼報告文學作家鄭重大喜過望，馬上安排刊出，立馬引起轟動，各報刊紛紛轉載，萬潤生瞬間名滿江南。

正是這篇報道改變了萬潤龍的命運，上海《文匯報》將他挖走，成了該報駐浙江記者站站長。

一九九四年三月三十一日晚上，在浙江省淳安縣千島湖的一艘游船上，三名歹徒手持土槍，對二十四名台灣遊客實施搶劫，後將遊客和八名船員趕至艙底，鎖住艙門放火燒船，釀成了震驚世界的大慘案。次日，《文匯報》獨家刊發了關於千島湖慘案的消息，萬潤龍作為唯一衝破新聞封鎖，寫出獨家新聞的記者，他的名字載入新聞史冊。①

萬潤龍說：「所謂新聞敏感，就是從別人的無意之中去發現新聞。」

一九九九年十一月三號，萬潤龍正在文匯報總部開會。翻閱報紙時突然看到兩天前的《中國

① 葉輝《鐵肩辣手》，《光明日報》，二〇一八年十二月十七日。

青年報》上有一篇文章的標題很醒目：《王朔：我看金庸》，仔細一看，是知名作家評說金庸的小說，持總體否定態度，認為金庸的作品「看不下去」，屬於「四大俗」。

國內知名作家如此評說金庸小說，萬潤龍感到很意外。第一感覺是盡快採訪金庸，做個專訪。當天晚上，他電話聯繫上了金庸。當時，他還沒有看到王朔的這篇文章，萬潤龍便逐字逐句地將此三千多字的全文念給他聽。

雖然王朔的語言比較犀利，金庸聽了以後反而笑了笑，說：「只要王朔先生說得對，我一定誠懇接受，虛心改正。如果王朔先生的話說得過頭一些，我也能夠理解，因為從他的小說來看，嘻笑怒罵是他的風格，我不會計較。」金庸表達了三層意思：第一，我不認識王朔，過去沒有交往過；第二，我去北京大學講學時，有學生遞條子問我對王朔的印象如何，我回答說，王朔的作品看得不多，只看過一兩部，認為很有特色，嬉笑怒罵皆成文章，這個評價應該不是貶義；第三，金庸作品既然是大眾讀物，理應讓人評說，王朔願意評說，就讓他說吧。

十一月四日，《文匯報》刊出萬潤龍寫的《金庸大度面對王朔批評》。當天上午，石俊升總編輯表揚了他，並指令他馬上與金庸聯繫，希望再次深入地採訪金庸，「讓金庸先生敞開說，有一個版的內容我們發一個版，有兩個版的內容我們發兩個版。我不相信王朔的一篇文章能夠撼動有五千萬以上讀者的金庸！」

當即，萬潤龍與金庸通電話，轉達了石俊升總編的意見。金庸再三詢問：「石先生真的這麼說？」確認後，金庸很認真地說：「代我謝謝石俊升先生。但有一個數字我想更正一下，我的小說讀者不是五千萬而是三個億，而且不包括盜版。」萬潤龍問金庸：「這三億讀者的數據出自何處？」金庸答：「是國家新聞出版總局的一位領導親口告訴我的。」

隨後，金庸說：「在王朔先生評說我的文章發表之後，我不能自己再來評說我自己的小說。我的小說好不好，讀者可以任意評說，我會認真看待讀者的評說。但既然文匯報如此重視，我一定不會辜負。今天我會寫一篇文章給文匯報作參考，但不會太長。」

「估計會寫多少字？」他思考片刻後說：「一千字吧！」

晚上六點多，萬潤龍還沒拿到稿件，着急了，打電話去，沒人接聽。再打電話到他家裡，通了。金庸說：「稿子剛剛寫好，但打字員小姐下班了，香港有《勞工法》，不能夠隨意加班。可否待明天打印好了再發傳真？」萬潤龍說：「文匯報已經空出版面等着您的稿件，還是請您直接將手稿傳真給我。」於是，萬潤龍終於拿到了金庸的手稿。

十一月五日，《文匯報》瞬間「洛陽紙貴」，因為發表了金庸對王朔《我看金庸》的回應，《不虞之譽和求全之毀》。

「王朔先生發表在《中國青年報》上《我看金庸》一文，是對我小說的第一篇猛烈攻擊。我第一個反應是佛家的教導：必須「八風不動」，佛家的所謂「八風」，指利、衰、毀、譽、稱、譏、苦、樂，四順四逆一共八件事，順利成功是利，失敗是衰，別人背後誹謗是毀、背後讚美是譽，當面讚美是稱，當面罵罵攻擊是譏，痛苦是苦，快樂是樂。佛家教導說，應當修養到遇八風中任何一風時情緒都不為所動，這是很高的修養，我當然做不到。隨即想到孟子的兩句話：『有不虞之譽，有求全之毀。』……」

萬潤龍對中國電影藝術研究中心研究員陳墨的專訪，《金庸小說長盛不衰值得研究》在同一版面刊出。

一石激起千層浪，當天出版的《新民晚報》、《羊城晚報》及次日出版的《中國青年報》轉載了《文匯報》的報道，王朔的《我看金庸》與金庸的「八風不動」迅速激起讀者的強烈反響，成為一九九九年中國文壇的「十大事件」之一。

這場「金王論戰」持續了一個多月。《中國青年報》最後以一幅漫畫作為結束語，漫畫上是千軍萬馬在追打一個人，這個人赤膊赤腳，穿着短褲，背上寫着一個「王」字，後面追打的大軍中，舉着無數面寫着「金」字的大旗。

（三）

二〇〇三年剛過春節，金庸在杭州。在晚宴上，萬潤龍見金庸心情挺好，便將自己思考了多日的話題提了出來：「查先生，現在有這個學那個學，依我看，金庸學也應該成為一門學問，汪道涵先生、章培恆教授、陳墨先生都提到過『金庸先生的作品就是一門學問』。您有那麼多的讀者，有那麼多的學者教授在研究您的小說，您現在又擔任了浙江大學人文學院院長，浙大人文學院應該可以來做這件事。」

金庸稍作沉思，說：「北大中文系嚴家炎教授專門開設了金庸小說的課，也有不少朋友提出過同樣的建議。但是，提『金庸學』恐怕不妥。更何況自己擔任着浙大人文學院院長，根本不可能請同道來做這件事。」

萬潤龍接過話題：「如果浙大不方便做這件事，我們可以牽頭組建一家公司，任務就是傳播您的作品，研究您作品的特色，可以組織書友會，舉辦研討會，當然還可以搭建一些平台，比如開一家金庸茶館，辦一本金庸學的雜誌，創立一個傳播金庸學的網站……」

金庸一聽，馬上有了興趣，「台灣有一家報紙開設了『金庸茶館』的專欄，蠻有味道。如果能夠開一家金庸茶館，讓喜歡我作品的小師弟小師妹們時常到茶館來喝杯茶，聊聊天，跟我交流交流，倒是一樁好事，我很贊成。」

金庸讓萬潤龍先擬寫一份方案，把組建公司的構想，包括公司的名稱、公司的具體任務、公司投資的額度、公司股東的構成、公司的盈利方向及風險，等等，理出一份有清晰思路的可行性方案來。

萬潤龍立即回上海，向總部領導匯報。領導提出，為避免風險，是否可以邀請一兩家企業一同參與？萬潤龍找到了吉利集團董事長李書福和吉利大學校長羅曉明，他們一聽是金庸的項目，自然樂意。總部領導決定設立文匯新民聯合報業集團浙江辦事處，聘任萬潤龍擔任主任。

萬潤龍的方案，很快獲得金庸首肯：由金庸、文匯報、吉利集團、杭州文新公司四家共同組建以金庸先生命名的公司，註冊資金三百萬元，在杭州開辦一家金庸茶館，創辦一本《金庸茶館》雜誌，設立一個「金庸茶館」的官方網站，開展讀金庸小說的徵文和評獎活動，組織金庸與讀者的互動。金庸約萬潤龍到香港來，接着再商討。

幾日後，萬潤龍赴香港。他第一次走進金庸的辦公室。居高臨下三面環視維多利亞港灣，可見中國銀行的標誌性建築，以及建築群樓構成的天際線，身處其中，讓人心曠神怡。

金庸否定了「金庸會」、「金庸學研究會」、「金庸讀書會」等名稱，就叫金庸書友會吧，以書會友，以書交友，以書悦友。金庸茶館不要以盈利為主，我的小師弟小師妹進來喝茶，可以不收他們的茶錢。」至於《金庸茶館》雜誌，「除了選大家的評論文章，也要選年輕人的文章。我很樂意與小師弟小師妹交流，尤其喜歡他們對我小說提出的批評。」金庸一口答應為《金庸茶館》題寫刊名，為創刊號撰寫開篇語。

他堅持要出錢持股，「我當第一大股東，我會出一部分資金，表示對這家公司的支持，也表示自己對這家公司的一份責任。我只當普通的董事，不當董事長。」他希望萬潤龍任總經理，「如果你推脱不當，我就不出資參與這件事了。」

在杭州西湖曲院風荷入口處有一條小路，穿過小路過一座小石橋，是一個半島，半島約有一畝左右面積，三面臨西湖；石橋旁有一涼亭，相倚着一座二層樓的老房子。這是一處民清建築，是民國時期孫中山先生的好友擔任過中華總商會會長的王曉籟的私家別墅。萬潤龍隨即連線香港，金庸一聽是民國時期的名人故居，當即表示：「萬先生，就選這裡，很好的。」

吸取了專家的意見，萬潤龍要讓金庸茶館有茶味、文化味、金庸味三味融合，裝修及室內佈局需要體現俠義特色，讓茶客入內有置身快意江湖的感受。

金庸對金庸茶館的裝修風格和《金庸茶館》雜誌的謀篇佈局很是牽掛。一天，他突然給萬潤能打來電話，說他在杭州，在浙江大學，想來看看金庸茶館，見見《金庸茶館》的小同事。

當天下午，金庸來到位於杭州眾安橋金融大廈的文匯報浙江記者站辦公室，跟萬潤龍一起選定了《金庸茶館》的十二個欄目，包括學者、名家點評金庸作品的「華山論劍」，金庸小說人物分析「人在江湖」，讀書筆記「金庸小札」，介紹金庸小說中涉及的兵器、武功招數的「藏經閣」、以及「金迷」文章「眾言堂」等。金庸表示，他已經封筆多年，但為了《金庸茶館》再度出山，將為每期雜誌撰寫開篇。

那天，《金庸茶館》的一位美編將金庸茶館的選用照片請金庸過目，金庸逐張審看，最終選定了三十多張照片，其中有金庸先生與領導人的合影，與各界人士的合影及金庸影視劇的劇照等。

第二天，萬潤龍突然接到金庸電話：「萬先生，我有重要事情與你商議，希望能盡快與你見面！」萬潤龍放下電話立即趕到金庸下榻的香格里拉酒店。金庸心事重重地對萬潤龍說：「萬先生，希望把已經上牆的照片作些調整，把我與領導人的合影全部換掉，換照片的鈔票我自己出，不要公司出錢。我與普通朋友的照片、與小師弟師妹讀者朋友的照片和影視劇照不用換。」

見萬潤龍不解，金庸解釋道：「剛才有浙江大學的朋友來看我，他說已經去金庸茶館參觀過，茶館很不錯，但為啥要掛這些與領導的合影？民國時期上海灘黃金榮、杜月笙、張嘯林喜歡在經營場所掛他們與官員大佬的合影，為的是撐他們自己的台面。難道查先生也需要領導來幫您撐台面？」

「萬先生，請你務必盡快把那些照片換下來。我不是黃金榮杜月笙！」

七月二十六日，金庸書友會成立暨《金庸茶館》首發暨金庸茶館開張。

前一日，金庸在杭州劇院與來自海內外的金庸迷見面。入場觀眾人手一冊《金庸茶館》創刊號，在開講前，大家津津有味地翻閱着這本雜誌。金庸在開篇之作中寫道：「自從我寫了武俠小說之後，遇到的朋友，不論是舊朋友還是新識的，總是和我談陳家洛、蕭峰、阿朱、小龍女，我不大接口，旁邊就有人接上去，談論不休。有人還興猶未盡，約了下次再談。如果有個茶館，茶客們逢到了，沏一杯茶，談談袁承志、青青、阿九，倒也有點味道……『金庸茶館』則小至九歲，老至八九十歲，大家都可來泡一杯龍井，指出金庸小說中的錯誤，我和各位書友談天說地，高興之極。既交朋友，又遣雅興，豈不快哉！『金庸茶館』期刊，亦以此為宗旨，只談小說人物故事，不涉時人時事，豈不快哉！」①

金庸與讀者互動，這是金庸茶館開張的第一道「茶」。作為主持人，萬潤龍從四千八百餘位

① 金庸《關於金庸茶館》，《金庸茶館》，創刊號二〇〇三年七月。

讀者的提問中，選擇出四十個問題，請金庸與讀者現場對話。

一位聽眾問金庸：「您那麼大的年紀，冒着這樣的酷暑，來為這本《金庸茶館》造勢，何苦？」金庸用了八個字作答：「人在江湖，身不由己。」贏得場上一片掌聲。對於剛創辦的《金庸茶館》，金庸由衷地滿意，他說，這本雜誌比自己預計的要好得多。說到金庸茶館，他更是高興：「過去香港有人稱我『查博士』，金庸茶館開張後，我就成了名副其實的『茶博士』。到時候一定會在茶館提一把茶壺，為客人沏茶，與朋友談天說地。不過，我常常不在杭州……」稍一停頓，他指了指主持人：「萬先生就是沏茶人了，請朋友們常來喝茶，指出我小說中的錯誤，既交朋友，又遣雅興，豈不是一件快事？」

有些提問在旁人看來已經很「出格」，但金庸卻一臉平靜地作答。比如一位北京記者重覆兩次問金庸：您在「百年」之後，希望在自己的墓碑上刻些什麼？在旁的記者愕然。金庸卻不慍不火，緩緩地說出一段經典之語：這裡躺着一位老人，他寫過十幾部小說，有幾億人喜歡。

對此，金庸興緻盎然，說：「萬先生，他們提的問題很有水平，我樂意回答這些問題。今後，《金庸茶館》還可以開一個欄目，叫『金庸答問』，專門由我來回答小師弟小師妹提出的問題。」①

① 萬潤龍《大俠旋風掠西湖——記金庸酷暑杭州行》，《文匯報》二〇〇三年七月二十七日。

金庸書友會成立不久，萬潤龍就攬下了兩樁大活：「五嶽聯盟」和「華山論劍」。

金庸在杭州，萬潤龍接到一個電話，是湖南衡陽市旅遊局局長尹同君打來的，說中國有個「五嶽年會」，由東嶽泰山、南嶽衡山、西嶽華山、北嶽恆山、中嶽嵩山的管理部門聯合發起，已經開過四屆三次年會，下一次年會將由南嶽衡山承辦。為此，湖南的旅遊策劃專家有個創意，打算創立一個「五嶽聯盟」。金庸小說《笑傲江湖》中，有泰山派、衡山派、華山派、嵩山派、恆山派五大門派，但這五大門派互不服氣，爭鬥不絕，如果現實生活中的五嶽能夠實現「五嶽聯盟」，應該是好事一樁。湖南方希望邀請金庸出山，到衡山參加「五嶽聯盟」大會，並擔任總盟主。

萬潤龍將此創意和邀請傳遞給了金庸。金庸說：「好啊，這是利國利民的大好事。我在小說中無數次寫到五嶽，也總想上五嶽看看。」

衡山之行還沒起步，陝西電視台的製片人郭敬宜趕到杭州來了，向萬潤龍說開了「華山論劍」的構想。她說，金庸與陝西華山有着不解之緣。在金庸十四部小說中，有十二部小說寫過華山，《射鵰英雄傳》、《神鵰俠侶》、《笑傲江湖》等經典更是將華山作為故事展開的大背景。可見金庸對華山情有獨鐘，小說中有過三次「華山論劍」，一次比一次精彩。

萬潤龍請金庸定奪。金庸說，「華山論劍」更是自己對古代武學經典的思考，一九八二年曾經上過一次華山，但是逗留的時間不長，好多想看的來不及看。因此，他願意參加「華山論劍」的活動，借這個機會好好看看華山。

金庸囑咐萬潤龍，「五嶽聯盟」和「華山論劍」不要相隔太久，最好能夠在同一時間段完成。

九月二十五日，萬潤龍與金庸夫婦一路同行，從長沙出發，歷程三個多小時，來到他筆下秀冠天下的衡山。金庸在磨鏡台何氏別墅鑽進「神秘洞」；在有「天下法源」之稱的南台寺，笑眯眯向僧眾合什回敬；在福嚴寺，圍着一株千年銀杏走了兩三圈，金庸說如果在寫小說之前看到，一定會把這棵樹寫進自己的小說裡。

金庸揮毫題詞：「南嶽天下秀，到此人增壽。」在觀眾叫好聲中，他又寫下另一條幅：「山水是財人即富，善用山水國增富。」

九月二十七日，金庸參加「五嶽聯盟」大會，並主講《遊俠的遊歷與俠氣》，萬潤龍撰寫的《金秋「五嶽」衡山聯盟》由新華社發通稿，稱「金庸上衡山，擔任『五嶽聯盟』的名譽盟主，算得上是中國旅遊策劃中的經典個案」。

十月八日上午，「華山論劍」在險峻的陝西華山拉開序幕。

華山前幾天還是陰雨連綿，這天早上居然開晴。主辦方為金庸設置了由《天龍八部》中王語嫣扮演者劉亦菲的「美人關」、《笑傲江湖》中華山派掌門人岳不群的扮演者巍子的「美酒關」、世界著名圍棋高手聶衛平的「棋局關」。金庸連闖三關，於上午十時三十分登上北峰之巔，與嚴家炎、司馬南、魏明倫等對談。

自從「金庸茶館」開張後，金庸到杭州的機會多了起來，萬潤龍有了更多的接觸金庸的機會，便有了他許多的獨家報道。

二〇一八年國慶前夕，有朋友告訴萬潤龍，金庸身體有恙。這類消息之前已經有過幾次，他都會打電話去香港，向金庸的秘書求證，然後闢謠。但這一次他沒有向香港求證，而是隨即去辦理了港澳通行證，準備專程去香港探望金庸，沒想到還是遲了一步。金庸逝世的噩耗傳來，萬潤龍的心一下子變得十分沉重，隨即走進書房，打開金庸贈予的那幅字畫，剛勁的啟功體躍然紙上：「季布無二諾，侯嬴重一言。人生感意氣，功名誰復論。」金大俠的音容笑貌如同過電影似地浮現在他的眼前……

一口氣同時出幾部書，是需要才情的，蔣連根老師有此才情，可貴，我更佩服的是他的研究苦功夫。

我說的是蔣老師幾十年做記者的耕耘和在定性研究上的造詣。蔣老師的書，是紮紮實實的二十年定性研究（qualitative research）。通過深度訪談（In-depth Interview），通過滾雪球抽樣調查（snow ball sampling method），此書所展示的是他厚積薄發的幾十年所獲，是他深入瞭解金庸的不為人知的另一面真實人生。

滾雪球調查是一種定性研究的創新型方式。主要是通過社會關係的連結點，層層接近可以接觸到的核心調查人物圈。很多歐美社會學家和社會研究如今都很尊崇這種方式。可惜曲高和寡，這種通過層層接觸核心研究人物方法非常費時實力，而且需要機緣巧合。

從二十世紀八十年代開始，蔣老師不辭辛勞，通過做記者的人際圈子和在出版界的合作夥伴，一位一位地聯繫調查，一點一點地收集積累，如今寫書出版了他調查研究而收穫的故事。在《金庸自個兒的江湖》（香港繁體足本增訂版《金庸的江湖師友》）一書中，可見他調查之細緻，積累之詳實厚重。

通過金庸與家鄉的聯繫和身為記者的採訪便利，他直接對話金庸，從未止步於此，還在世界各處尤其兩岸三地，尋找到金庸的弟妹、兒女、朋友、親戚、秘書，與他們深度交流，訪談，收集資料。受訪人物之眾，體現了此書的價值所在。

訪談的方法之外，蔣老師還進行了田野調查。他走訪了金庸在海寧的老宅，也踏足了金庸更深沉的婺源老家，去考察去觀察去和金庸故里族人一起體驗金庸的過去。

蔣老師的書是一份深度定性研究報告，是基於多元材料的可信賴有價值的研究。他做到了三角證實（triangulation）。他的定性研究方法而言，是多樣的，是豐富的，是創造的，值得每一位定性研究人員學習。

他的常用方法包括了 member checking（每次寫作金庸事蹟，都要通過無數金庸身邊的人認可，成書以後把書寄給金庸進行 member checking 看金庸是否認可），research resource triangulation（研究資料三角剖分），interviews（訪談，電話，走訪訪談，書信訪談等），field notes（蔣老師曬過筆記），memo（寫作分析），documents（各種報章文書，文字資料），art facts（各種檔文物物品，如他所拍攝的照片，人物走訪手機的藝術品資料等）。

如果能夠收集到這些第一手資料，蔣老師一定有很多很多心得。任何定性研究者都沒有「定型」的方法。在於研究者本身的智慧、堅持、忍耐、毅力、變通、巧妙、靈活等等。或許，記者的身份和經驗給了蔣老師開始的契機，但是能夠最後成書，其中辛苦不言而喻！

我看了蔣老師這些年分享的資料和寫作歷程，覺得雖然在中國，定性，也叫質性研究（qualitative research）年會才開第四屆。其實這種研究方法早就已經被蔣老師深度採用在此二書的成書過程之中，遠超歐美社會類研究者的二三年的粗調研。

最後，本書是蔣老師跨躍兩個世紀的「舊學」「新作」。他說這部書叫《金庸自個兒的江湖》（香港繁體足本增訂版《金庸的江湖師友》）。

黃婷

於美國明尼蘇達雙城大學

二〇一九年年十二月三日

（黃婷，旅美博士，畢業於美國愛荷華大學和羅徹斯特大學。現任教於美國明尼蘇達雙城大學，研究方向多元，主要為定性研究、種族歧視研究、中文教育、社會文化理論、古典文獻等。）

心一堂 金庸學研究叢書

《金庸武俠史記〈射鵰編〉三版變遷全紀錄》 王怡仁
《金庸武俠史記〈神鵰編〉三版變遷全紀錄》 王怡仁
《金庸武俠史記〈倚天編〉三版變遷全紀錄》 王怡仁
《金庸武俠史記〈天龍編〉三版變遷全紀錄》 王怡仁
《金庸武俠史記〈笑傲編〉三版變遷全紀錄》 王怡仁
《金庸武俠史記〈鹿鼎編〉三版變遷全紀錄》 王怡仁
《金庸群俠身心靈診療室——蝴蝶谷半仙給俠士俠女的七十七張身心靈處方箋》 王怡仁
《金庸武俠史記〈書劍編〉〈碧血編〉——探尋金庸的修訂心路》 辛先軍
《金庸武俠史記〈白・雪・飛・鴛・越・俠・連〉編——探尋金庸的修訂心路》 辛先軍
《金庸商管學——武俠商道（一）基礎篇》 歐懷琳
《金庸商管學——武俠商道（二）成道篇》 歐懷琳
《金庸小說中的佛理》 鄺萬禾

《金庸雅集——武學篇》　寒柏、愚夫

《金庸雅集——愛情篇影視篇》　寒柏、鄺萬禾、潘國森、許德成

《金庸與我——雙向亦師亦友全紀錄》　潘國森

《金庸命格淺析——斗數子平合參初探》　潘國森

《金庸詩詞學之一：雙劍聯回目　附各中短篇詩詞巡禮》　潘國森

《金庸詩詞學之二：倚天屠龍詩　附射鵰三部曲詩詞巡禮》　潘國森

《金庸詩詞學之三：天龍八部詞　附天龍笑傲詩詞巡禮》　潘國森

《金庸詩詞學之四：鹿鼎回目　附一門七進士叔姪五翰林》　潘國森

《話說金庸》（增訂版）　潘國森

《總論金庸》（增訂版）　潘國森

《武論金庸》（增訂版）　潘國森

《雜論金庸》（增訂版）　潘國森

《金庸家族》（足本增訂版）　蔣連根

《金庸的江湖師友——影視棋畫篇》（足本增訂版）　蔣連根

《金庸的江湖師友——作家良朋篇》（足本增訂版）　蔣連根

《金庸的江湖師友——師友同業篇》（足本增訂版）　蔣連根

《金庸的江湖師友——學界通人篇》（足本增訂版）　蔣連根

《金庸的江湖師友——明教精英篇》（足本增訂版）　蔣連根

《金庸的江湖師友——金學群豪篇》（足本增訂版）　蔣連根